总主编　方剑乔

浙江中医临床名家

徐锡山

寿迪文　主编

科学出版社
北京

内 容 简 介

本书是“浙江中医临床名家”丛书之一，介绍了国家级名老中药师徐锡山。徐锡山教授是浙江省名中药师、国家级名老中药师。本书共分六章：中医萌芽、名师指引、声名鹊起、高超技术、学术成就、桃李天下。本书介绍了徐锡山教授治学经验、学术思想、学术成果及学术经验的传承情况。本书重点介绍了徐锡山教授对中药材的直观经验鉴别，总结了“看、触、闻、尝”的中药鉴别四步法，同时还介绍了如人参、西洋参、冬虫夏草、羚羊角等名贵药品的质量鉴定方法。

本书可供中医临床、科研工作者及在校学生阅读使用，也可供中医药爱好者参考。

图书在版编目（CIP）数据

浙江中医临床名家．徐锡山／方剑乔总主编；寿迪文主编．—北京：科学出版社，2019.7

ISBN 978-7-03-061676-0

Ⅰ．①浙…　Ⅱ．①方…②寿…　Ⅲ．①徐锡山—生平事迹②中药学
Ⅳ．①K826.2②R28

中国版本图书馆CIP数据核字（2019）第118195号

责任编辑：陈深圣　刘　亚　凌　玮／责任校对：王晓茜
责任印制：徐晓晨／封面设计：黄华斌

科学出版社 出版
北京东黄城根北街 16 号
邮政编码：100717
http://www.sciencep.com
北京中科印刷有限公司 印刷
科学出版社发行　各地新华书店经销
*
2019 年 7 月第　一　版　开本：720×1000　B5
2019 年 7 月第一次印刷　印张：10 3/4　插页：2
字数：182 000

定价：58.00 元

（如有印装质量问题，我社负责调换）

徐老在鉴别中药

徐老在指导膏方制作

徐老在审核处方

徐老与工作室人员合影

浙江中医临床名家

丛书编委会

浙江中医临床名家·徐锡山

编　委　会

主　审　徐锡山

主　编　寿迪文

副主编　郑敏霞　孙彩华

编　委　（按姓氏笔画排序）

王佳红　孙彩华　寿迪文

李碧晟　何佳奇　陈少杰

郑敏霞　孟登科

总　序

中华医药，博大精深，源远流长。灵兰秘典，阴阳应象，穷万物造化之妙；《金匮》真言，药石施用，极疴疾辨治之方。诚夷夏百姓之瑰宝，中华文明之荣光。

浙派中医，守正出新，名家纷扬。丹溪景岳，《格致》《类经》，释阴阳虚实之论；桐山葛岭，《采药》《肘后》，载吴越岐黄之央。固钟灵毓秀之胜地，至道徽音之华章。

浙中医大，创业惟艰，持志以亢。忆保俶山下，庠序进修，克艰启幔；贴沙河干，省立学府，历难扬帆；钱塘江畔，名更大学，梦圆字响。望滨文南北，富春秋冬，三区鼎足，一校华光；惟天惟时，其命维新，一德以持，六艺互襄；部省共建，重校启航，黾勉奋发，踵武增华。

甲子校庆，名医辈出，几代芳华。值此浙江中医药大学建校六十周年之际，特辑撰“浙江中医临床名家”丛书，以五十二位浙江中医药大学及直属附属医院名医为体，以中医萌芽、名师指引、声名鹊起、高超医术、学术成就、桃李天下为纲，叙名家成长成才之历程，探名家学术经验之幽微，期有益于同仁之鉴法、德艺之精进。

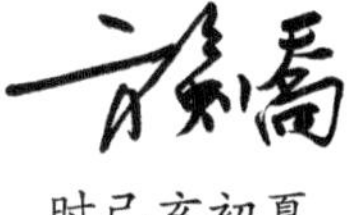

时己亥初夏

目　录

第一章

中医萌芽

第一节　疾病肆虐，草药建功

1928年，国内政局纷乱，天灾人祸，民生艰难。在西施故里诸暨的一个依山傍水的村庄里，徐家迎来了第二个儿子。长辈欣喜，取名锡山，出自《大雅·江汉》“锡山土田”，锡乃有“赐”意。幼年时，家境尚可；徐家老人曾提起：“当时家里长辈在外经商，每到年底，都会用扁担挑着满箱子的铜钱回家，为此还引来了山上的强盗，族人无奈，只得把铜钱倒进门前小河里以避祸，在强盗退去后再打捞起来”；后来世道艰难，家道中落。在徐老5岁那年，正值战乱，农村缺医少药，疾病流行，天花肆虐，无情的病魔先后夺去了父亲和弟弟的生命，幸好家里有一位族叔，在杭州开了家药栈，收到消息后，赶紧托人带来了草药，家里其他人才幸免于难。自此家中更是不济，只能依靠母亲替人打草鞋换钱艰难度日；当时5岁的徐锡山，也无奈替别人放牛以贴补家用。也正是因为这样，在徐老幼小的心灵中结下了与中药的不解之缘。

第二节　幼承庭训，耳濡目染

等到徐老到了该上学的年纪，母亲不顾家中其他人的反对，坚持把徐老送进学校念书。原来徐母自己也进过私塾，而且成绩优异，只是在那个“女子无才便是德”的社会，最终还是没能坚持念完，所以希望自己的儿子能接受教育。在学生时代，因为切身的经历，徐老对中药材更为亲近，于是常常在课余忙里偷闲到野外采识花草野果，向长辈们讨教日常用药经验，一到放假休息的日子，他就跟在村子赤脚郎中周围，在帮忙的同时也悉心学习。尽管这时候的他接受的只是很零碎的一些知识，却也是最有效、最直观的。而母亲也常给他灌输自己仅有的用药知识，如有药无药看白药（做酒曲）；小孩腹痛久泻不止，用灶心土（伏龙肝）止痛；口角生疮溃烂，用煮饭时的泡沫涂患处；咳嗽咽痛吃仙鹤草、鱼腥草有一定疗效等。博闻强识，日积月累，正值豆蔻年华的他已经学识匪浅。在村子里也会用他积累的用药知识服务乡民；后来徐老自己回忆，那时候的自己，胆子很大，已经尝试着用自己找到的土草药去帮助周围的邻居。而他的草药常常能收到奇效，这给他带来了很大的自信心和满足感。

第三节 少年初成，投趣本草

1941年，徐老那时刚满14岁，母亲将他送到了诸暨浬浦的中学学习，只是那时正是最混乱的时期，在学校里也不能安心上学。一年后，穷途末路的日军第三次入侵诸暨浬浦，血腥屠杀、肆意烧夺，并且制造了震惊全省的"浬浦惨案"。在这危急存亡的关头，学校被迫转移；既然无法安心上学，同时也是担心家中境况，徐老跑回家里，跟着家人进山避难。在此期间，徐老一边照顾家人，同时也没放弃对中草药的兴趣爱好，时刻关注长在田间地头的花草树植，对照之前的经验，把一点一滴默默记在心里。他的好学和认真被母亲看在眼里，当山外的情况慢慢好起来，母亲还是希望他能出去闯荡一下，至少学门手艺，既能养活自己，也可贴补家用。母亲见其如此喜欢收集和识别草药，不顾城里兵荒马乱，将其送到了族叔在杭州开的药栈，希望能拜当时的名中药师何寿长先生为师，学习中药加工炮制和调配。在药栈里，徐老翻开了全新的篇章。他对什么都感兴趣，把全部的热情都投入到学习中药知识中去，为他的成才打下了坚实的基础。

第二章

名师指引

第一节　细学本草，方恨识少

在当时的社会，师傅有相当高的地位；在徐老进入药栈后，何寿长师傅并不接收这个徒弟，只是扔给他几本晦涩难懂的古籍善本，如《本草备要》《本草害利》等；也不多说，让他自己去看去学。尽管徐老在乡下已经进行了一些简单的学习，有了积累；但是他掌握的东西很零碎，并不系统；而且这些知识完全无法应用在正规的临床治疗中，毕竟土草药和临床应用的中药饮片还是有很大的差别，所以徐老只能从头开始学习。

进入药栈后，日常繁忙紧凑的工作，让他每天并没有多少时间静下心来看书学习。当时药栈的业务范围，包含了从药材原植物到最终的中药饮片的所有炮制程序，然后再按照医生处方把草药按剂数准确配制给每位患者，对于那些不方便煎煮的患者，药栈也提供煎药服务，并派专人送到患者手中。作为一名新进学徒，尽管“后台”很硬，但是他还是需要从最基础的工作做起。每天早上他总是最早起来，把药栈内外打扫整理一遍，把用完的空置的药屉装满，然后跟着师兄处理新进的中草药，再把洗净切制好的草药晾晒出去；等到下午的时候就骑上自行车，开始给每位患者配送煎好的中药；徐老后来回忆，当时两三个人负责送药，药栈就一辆自行车，只有送远的地方的人才能用。每人一趟要送五六户，最远要送到钱塘江江边的人家，因为他是新来的，所以远的人家都归他送；每天都要很迟才能回到药栈，其他师兄欺负他，经常不给他留晚饭，这对于毛头小子来说，实在是件煎熬的事情。几年的送药经历，不仅让他对杭城的大街小巷烂熟于胸，更让他养成了无论远近出门都骑车的习惯，这个习惯一直保持到他八十多岁高龄，后来因为杭城路况越来越复杂，而且年纪也大了，家人竭力反对，才不得不停止这个习惯。

在当时那样的条件下，徐老依然没有放弃对中药的喜爱；无论多晚回来，他都是一手捧着饭碗，一手捧着书本在幽暗的油灯下苦读。尽管刻苦用功，但是基础实在不好，书上的很多东西不能完全明白，有些更是看不懂，理解不了，这让他很是苦恼。当时他还没资格去前面柜台抓药，只能在后面干一些粗笨杂乱的活，但是他只要有时间都会跑到前面去帮忙，逮着师兄就问这个问那个，有些师兄解释不了的，他就默默记在心里，有空闲时间就去问坐堂的医生或年资老些的师傅。一段时间下来，彻底颠覆了他原来在乡下积累起来的对中药的认识，这个时候他才明白，原来中药是一门中华民族几千年文化沉淀积累的庞大学科，是一个巨大的宝库，凝聚了先人无数的智慧，这不仅仅只是一门养家糊口的手艺，更是值得自己花更大力气去学习和发掘的知识。

第二节　荆棘丛生，知难而进

转眼间，徐老进入药栈已经2个月了，何老师傅依然没有松口要收他为徒；每次徐老去找他，他都是避而不见；尽管内心着急，不过他也明白自己还不能达到何老师傅收徒的标准，不能让他满意。徐老决定调整心态，先把中药炮制的各个步骤理顺；每当有新鲜的草药进来，他都紧紧跟在师兄的后面，学习他们怎么处理每个环节。当时正值冬季，正是黄精、天麻、何首乌等药材采收的季节，药栈也进了一批，需要尽快处理好，江南冬季阴冷，雨水多，如果不尽快处理，容易腐烂。徐老跟着师兄们每天的工作就是清洗和挑拣浸在水里的药材，手指浸在水里就已经被冻麻了，还得不停地干活，去污泥，除须根，分大小，选优劣。三四天下来，手上的皮都脱得差不多了，一碰就扎心的疼。

在初步处理了这些药材后，接下去就是切制晾晒，切制就考验学徒的刀工本事了，大小形状都有要求，徐老因为从没摸过刀，完全不知道怎么处理，只能站在师兄身边打打下手，同时负责晾晒。冬天阳光不足，有时候就需要把切好的草药放在专门用来烘干的“淘炒房”去，一遍遍不停地翻，查看干的程度。徐老经常被排到晚上值班，他也乐意晚上一个人待在淘炒房，不仅清净，还能安心地看书，而且不用担心因为看书浪费电被老师傅责骂。

在一批批药材烘干后，就需要分别炮制了，像黄精和何首乌，在炮制上都有严格的程序要求，如黄精的“九蒸九晒”、何首乌的“黑豆汁制法”等；蒸煮时的火候、时间、次数、辅料量等的控制都是老师傅长时间的积累总结出来的，不会轻易传授给别人，因此徐老感觉郁闷的同时又很是无奈。他只能花更多的时间去看书，希望在书里找到答案；偶尔有机会能偷偷跟在老师傅后面学。慢慢地，徐老的好学感动了身边的师兄，他们有时候也会把自己知道的告诉他，或者指出他不对的地方。一段时间的工作，让徐老明白，自己需要学的知识实在太多了，光靠学习书上的知识远远不够，如何应用到现实工作中，还需要花更大的力气。徐老这时候迫切希望获得何老师傅的认可，获得他的指点。

第三节　好问解疑，诚叩师门

日子过得很快，徐老进入药栈已经半年了；日常的工作，徐老已经能很顺利地应付下来，现在也有资格到前面去给病人抓药。何寿长老先生给他的那几本书已翻了好几遍，里面的内容也烂熟于心。于是徐老决定再次登门去拜访何老师傅，他特意去买了点礼物，小心翼翼得带着几本书来到何老家；这次何老没有避开，等徐老说明来意，呈上礼物和书的时候，何老表现得很淡然；后来徐老回忆，当时何老接过书，认真地每页翻看过去；在看到上面密密麻麻的备注的时候，很欣慰地笑了；合上书本，何老问了他几个问题，如“中药的性味区分和各自的特点”“黄芪的科属，采收时间，鉴别，功效，药性，禁忌”“麻黄不同部位的药性特点”，徐老认真地一一做了回答；何老再让他讲讲进药栈以后自己看到的和学到的，徐老也是规规矩矩地做了回答。一番对答下来，何老满意得点点头，收下礼物，表示正式收徐老为徒，并安排家人准备收徒的一些事情；在拜过祖师、敬了拜师茶后，徐老正式成为何寿长老先生的徒弟。

原来，从徐老进入药栈开始，何老就一直默默地在观察他，在看到徐老踏实勤奋，努力好学之后，何老已有了惜才授业之心。自此，徐老才真正感觉自己算是入了门槛；每天他都紧紧跟着师傅，看师傅炮制每味药材，怎么洗，怎么切，怎么烘干；蜜制、姜制、盐制、酒制的量如何把握；炒黄、炒焦、炒碳的火候怎么把握；在师傅去市场采购药材的时候，他紧紧跟在后面，看师傅怎么区分药材质量，鉴别真伪优劣；在师傅上山采药的时候，也紧随其后，仔细听师傅讲解如何区分山野路旁、斗岩峭壁的植株药材，这是什么药，适合什么时候采收，药性特点是什么样的，怎么炮制。每天回到住的地方，徐老都会认真记录师傅讲的知识，同时他也没有放下书本，依然花时间认真看书，碰到不明白、不理解的地方，第二天找师傅寻求答案。在师傅的帮传下，他刻苦研读了《雷公炮制药性赋解》《本草害利》《汤头歌诀》等书籍。口授心记，耳濡目染，勤学苦练，技能猛进，三载满师之时，已能将每味中药的药性特点、配伍禁忌、鉴别要点牢记于心；同时他也有了自己的一手绝活，能将1粒槟榔切成128片；1寸（1寸≈3.33厘米）白芎切成200片；制附子切至薄如蝉翼、风吹能扬；并另辟独具一格的饮片切制方法，如将甘草、黄芪切成柳叶片；厚朴、黄柏切成眉毛片；法半夏能切成鱼鳞片等，并能熟练制造传统丸、散、膏、丹和冬令煎煮滋补膏，精通上述各类工艺、配方等。自此，徐老已是药栈的一名老师傅了，逐渐开始独当一面，一手绝活也让他远近闻名。

第四节　学无止境，锲而不舍

徐老的学徒生涯一直持续到了1949年，在这期间，他一如既往地认真对待入手的每味药材，也尽心尽力地对待每位患者；碰到有吃不起中药的贫苦百姓，他也会垫钱为他们抓药；徐老除了是一名中药师，还是一名进步青年，早在抗日战争期间，因为缺医少药，浙东地区四明山的金萧支队有很多受伤的战士得不到药物治疗；徐老的一个周姓同学找到他，希望得到帮助；他二话不说，就通过各种途径，为部队送去了疗伤药物，支持抗战；一直到解放战争结束，徐老一直默默为部队尽己所能的提供帮助，后来获得了政府的嘉奖。

自"中华民国"开始，当时的社会主流都在传播"中医是伪科学""废除中医药"这些观点，到中华人民共和国成立初期，社会上排斥中医中药，歧视中医中药的现象又再次出现；这对徐老所在的药栈造成了很大的打击，药栈里很多伙计都开始外出另谋生路；尽管徐老也曾经动摇过，但最终闻着熟悉的药香不舍离去。在这期间，徐老四处寻找中医药的古籍善本，并开始整理自己做学徒以来的用药经验；在闲暇时候，也常独自外出采药，背上竹篓，带上药锄跑进深山老林，一待就是几天；他还经常一整天待在边上的医馆里，帮助医生抄方用药；有时候碰到用药有争论，他会翻遍医药典籍，寻找正确的配伍方法。原浙江省中医院院长杨继荪回忆，当时徐老的专业和认真是公认的，他对每味中药的药性特点、配伍禁忌者烂熟于心；他的基本功非常扎实，对于药材的真伪优劣只需通过手捏、嘴尝就能分辨清楚；特别是对于那些贵重的参茸药材，他都能准确鉴别，分辨明确，因而称他为“火眼金睛”。

1954年毛泽东主席在《对中医工作的指示》中提出：“中医对我国人民的贡献是很大的……对中药应当很好地保护和发展。”这也深深激励着徐老，让他感受到自己肩上的担子更重了，作为一名中药学徒，他不仅需要服务好身边的患者，更需要对中药的传承发展贡献力量；他每天早早来到药栈，查看药材的质量和炮制的情况，认真对待每位来抓药的患者。闲暇时间就拿起书本，学习和整理书本上的知识。当时的他已经是药栈里的大师傅了，碰到有不明白的地方仍然虚心向老药工请教；每个月发下来的工资，除了贴补家用，大部分都被他拿去买了书籍。

徐老在后来教授学生时常提醒他们“学药先学德和学习经典、博览探求、持之以恒、学以致用”，徐老当时也是这么坚持下来的。徐老从当学徒开始至今，从未放下书本，从中医药古籍到各类药典规范，他都是认真阅读，仔细摘录，对讲解不清楚的地方做出标记，批注自己的见解认识。他一直说自己就是一名中药学徒，还有很多东西需要去学习。徐老90余岁了，还在每天学习，他常常说：“我们要经常学习，这样才能跟得上时代的脚步。”徐老真正做到了活到老，学到老。

第三章

声名鹊起

第一节　学有所成，初露锋芒

书山有路勤为径，学海无涯苦作舟。在何老的传带和严格管理下，徐老受益匪浅，技术更趋成熟，经验更趋丰富。每当看到自己的徒弟专心致志地学习中药书籍，并能正确辨别中药材的真假优劣时，何老便满意地捋捋胡须，面露喜色。碰到难题，徐老从不气馁，因为没有人天生就是天才，他总是向别人请教，直到弄懂为止。许多人认为学习中药很辛苦，而把它看作一种负担。而徐老从不这样认为，在他眼里，学习和认识中药是快乐的，虽然为了学习和认识中药他留下了许多艰辛的汗水，但是当他对一味中药能深入理解时，心里却是前所未有的喜悦，认为一切汗水和努力都是值得的，正因为这种对中药的热爱，他才不断努力、不断进步。

徐老能把1粒槟榔切100余片，能把制附子切成薄片，放在手心上，吹一口气就能飞起来；能把厚朴、黄柏切成眉毛片；能把1寸白芍切成200余片；能把法半夏切成鱼鳞片等；并熟悉掌握了丸、丹、膏、散等中成药的制备技术。正是这些绝技为"辨药奇才"打下了坚实的基础。

有一天，徐老受卫生厅的委托，到某药店进行滋补品的检查，发现野山参是用移山参混充，品与价不符，存在严重的欺诈行为，记者随即拍下照片，准备曝光，受到了店领导的阻止和员工的围攻，并用威胁的口气对着徐老和记者说："如果鉴别不准，店的名声和经济损失，一切后果由你们负责，并将上诉法院。"徐老承受着各种压力和风险，只要稍退一步就没有这回事，但徐老没有这样做，他心中有医德，良心过意不去，"病人好欺，良心难逃"，他只有一种想法，绝不能让药品以次充好，来坑害病人。靠着过硬的技术，据理力争，以技服人，使店家心服口服，承认错误，接受处罚。

徐老多次为危难病人解决困难。有一次一位从北京来的病人来院看病，需将药加工成丸药服用，但又时间紧迫，求助于徐老。徐老了解情况后，急病人所急，想病人所想，答应病人的要求，不顾一切，从药物处理到手工做丸，都自己亲自做，一直忙到深夜。第二天病人取到了自己想要的药，十分敬佩徐老这种高尚的医德。病人家属千恩万谢，左邻右舍口耳相传，徐老一时名扬乡里。

经历了迷茫、无助、徘徊、焦虑的多重考验，见到一个又一个病人在中药的治疗作用下康复了，给徐老极大的触动，他下定决心，努力学好中药，终身为中医药事业做贡献。

第二节 不求名利，响应号召

刚从战乱里走出来的祖国，百废待兴。徐老只身闯荡杭州，白天蹬药碾子做药，拉药匣子抓药，还要不分昼夜地去送药，回到家中只能喝剩菜冷汤。冬天里寒风刺骨，徐老舍不得买棉衣棉鞋，冻得手脚都生了冻疮，那刺痒的感觉犹如千万只虫在啃噬。尽管辛酸劳累，徐老却不言放弃，他明白"天将降大任于斯人也，必先苦其心志，劳其筋骨，饿其体肤，空乏其身，行拂乱其所为，所以动心忍性，曾益其所不能"的道理，他时刻提醒自己济世救人的理想，越是辛苦，就越用心学习。胸怀大志的他边做杂务边温书。尽管有幼时的基础，又有药房的历练，他仍然觉得缺少点什么。

中医药学带有强烈的中国文化特征，提倡天人合一的哲学观念，对疾病的认识重整体、系统、人与周边环境的相互作用，强调患者的系统功能，在治疗的同时注重提高患者的整体健康水平，扶正祛邪，身心同治，尤其擅长调理及预防，重视养生保健，故辨证施治、复方用药是中医药的两大精髓。尽管中药多缺乏动物试验资料，但有大量的临床应用基础和较高的安全性，相对西药而言，中药有天然原料、简便易获得、价格低廉、复方用药、标本兼治、毒副作用小、不污染环境等特点。中医药理论广博深邃，非专业人士难以理解，更难为西方人所接受。传统上师徒相承，门派林立，治疗领域各有擅长，用药和炮制各有千秋，传统上重视药性、功效，而对药效成分概念重视不足，中药尚难达到发达国家对药品的严格要求，量化、标准化是其走向世界的前提。

徐老意识到，在那个西学东渐的年代，没有系统的药学知识必将影响疗效，故步自封的中药学难以跟上时代文明的进程。于是他背井离乡外出进修提高，交流心得经验，磋商疑难问题，相互学习。他把攒下的工资都买了中药学专业书，并拿出十足的劲头加紧学习。

中华人民共和国成立后，中医中药从业者终于获得了工作和思想上的自由。徐老在一家公司上班，当时一个月的工资有75元，属于很高的水平。但此时，社会上却又出现了对中医中药的质疑声。因中药使用范围的扩大等原因，药物不良反应日益增多，在社会上引起广泛重视，国外刮起一股禁用中药风，国内也有人反对中药，特别是中药注射剂出现一些严重不良反应事件后，又一次掀起禁用中药的狂潮。当时有些群众不明真相，失去了对中药的信任，这对中药事业的发展是一次致命的打击。在此严重情况下，徐老据理力争，采取积极而慎重的态度，加强研究工作，改善药品质量，提高药品安全性及有效性，保障广大群众健康与用药安全，也为中药事业的健康发展做出积极的贡献。

不久卫生部提出要改造中药，徐老响应号召，他所在的公司和其他几家中药堂合营。徐老带着何老等老一辈的知识经验聘调到杭州市中心门诊部中药房，刚过而立之年的他虽然年轻，却凭借高超的辨药技术和高尚的医德，深得业内人士的赏识及广大患者的信任。

第三节　全心全意，筹建药房

中药房是中医院重要的服务窗口之一，加强中药房管理，塑造良好的药学服务，构造和谐的药患关系，是进一步提高医院整体服务水平的重要组成部分。为了使中药能更好地起到预防和治疗疾病的作用，确保患者用药安全、有效，就要提出可行方案，塑造良好的药学服务。健全的中药房管理是保证良好药学服务的关键，更是营造和谐药患关系、医患关系的需要。

新时代，中药房要发展必须转变观念，提高中药师专业知识和技能水平。具体来讲，一方面，中药师需要系统地学习中药学、中药鉴定学、中药炮制学及相关知识；另一方面，中药师要通过专项培训，采取去其他医院进修、外出参观学习、科室内部业务和学术交流、坚持在本职岗位自学等多种形式提高专业理论水平，同时，通过参加临床药师培训，提高中药师参与临床用药的水平与能力，让高素质的中药师来承担药物咨询工作。所以中药师要不断充实和完善自我，自觉加强学习，扩展知识面，并密切关注中药学发展新动态、新信息，不断进行知识的归纳积累与更新。加强职业道德修养，营造良好的药患关系，要加强思想道德建设，树立全心全意为人民服务的思想，坚持以患者为中心、以质量为核心的工作原则。药患关系为医患关系的重要组成部分，主要指药学人员与患者之间的关系，而影响药患关系的因素主要集中在药品质量和服务水平及等候取药环节。随着科学的进步、人类文明的发展，窗口单位服务至上的理念深入人心。无疑，塑造良好的药学服务，是营造良好药患关系的关键。因此，中药房应从患者的切实利益出发，积极全面的为患者服务，构建一个和谐文明的良好药患关系。

出身清苦的徐老来到医院后，亲身的中药临床实践使徐老对中药有了更深刻的认识，认识到中药不仅有丰富的临床经验、良好的治疗效果，更有完整的理论和独具特点的学术体系；中药不仅擅长治疗慢性病及功能性疾病，对于疑难重症、感染性疾病及器质性疾病，也有很好的疗效。徐老全身心投入到中药房建设的事业中，为了不让徐老分心，他的妻子从来不让他操心家里的事情。

1955年徐老加入中医门诊部，筹建中药房。在中药房筹建时期，中医门诊部也在向中西医结合转变，加强中医药建设。人民对健康生活的需求，是医院领导和职工的奋斗目标，也是徐老的目标，也是中药房建立的出发点和落脚点。

徐老回忆：当时有医疗水平低、器械差、药品不足等多种困难，同人民对健康生活的需要还有巨大差距。过去人们用传统中药取得一定的成就，解决了一些疑难杂症。现在面对这些难题，同样需要全面开展中药临床应用，祛除病灶，只有安全有效的中药才能扫除患者的痛苦。几千年的中药实践证明，中药的作用是巨大的、可研究的，中药需要发展，要坚持问题导向，全面发展建设中药房的每一步都是为了满足患者的需求，抓好中药的质量、应用中药的特点等。要把政策定在患者的需求上，把措施落实在患者的满意上，把工作做到患者的心坎上。面对躲不开、绕不过的障碍，要务实创新，科学决策，攻坚克难。

在经过中药房的筹建工作后，徐老对浙江省中医院中药房工作的开展有了一些经验，徐老作为中药房负责人，听从院领导的指导意见，与科室人员沟通、交流后，暂时由自己做库房保管员与加药人员，并负责中药质量的验收工作，贵重药品由自己亲自保管，周末节假日自己同科室人员一起值班。这样，时间一年年过去，徐老广泛听取和收集科室人员的意见和建议，只要是有利于工作、有利于质量、有利于提高工作效率的，都会尽量采纳。随后慢慢开始制定一些规划，仓库保管员由几人轮流做，半年或一年一换，这样有利于岗位的熟悉和人员的安排。中药房增加一个窗口（中药房原来只有一个窗口，在人多的情况下，一个人核对发药根本应付不过来，处方调配方面还存在轮单现象，动作快的完成处方时，不敢接下一张处方。这两方面原因常造成让病人等候时间过长），人员也分成两组，每个窗口一人核对发药，两人调配处方，这样也不存在抢处方的现象，有利于提高中药房的工作效率。

徐老在中药房经过观察，也发现了一些问题，有些调配人员为了赶进度、抢处方或讲话等原因，工作做得不够到位，处方调配的质量经常出现问题，要么漏药，要么拿错药或药的规格不符合要求等。核对发药经常发现处方调配错误，因为一旦发现错误，就要对每剂处方进行复查，这样会浪费很多时间，处方一出错，病人知道了，就会大大降低病人对中药房的信任度。发药时一定要核对姓名、发票、剂数、先煎、后下、是否外用药、是否代煎等，避免在实际工作中出现有的病人还没有缴费、有的病人的剂数有误、遗漏先煎或后下药、误把外用药当内服药等情况。要求库房保管员平时加药一定要及时，加药人员休息的情况下，徐老又自己加班加点顶替他们的位置去完成相应的工作，另外，徐老要求加药人员在星期五下班前必须把药斗中的药加满，以方便周末调配。徐老严禁中药师在工作时说话，以免分神，出现差错。面对这些问题，他还建立了一个差错登记本，每月月末统计工作时一起统计出来。规定一个差错率，超出差错率的话，出错处方则不算工作量，就拿不到相应的月度奖金，这样增强了中药师的责任心。

经过徐老几十年坚持不懈的努力，中药房先后有了中药饮片库房、中成药库房、中药饮片调剂室、中药饮片周转库、中药煎药室、中药制剂室。中药房硬件设施建设改善，提高了药品质量（中药饮片调剂室、中成药调剂室和中药煎药室应当宽敞明亮，地面、墙面、屋顶应当平整、洁净、无污染，易清洁。有有效通风、除尘、防积水及清渣等设施。此外，中药储存设备有药架除湿器、通风设备、冷藏柜或冷库。中药饮片调剂设备应有药斗、调剂台、称重用具、粉碎机、冷藏柜、除尘设备，中药饮片应备有500多种，还有贵重药品柜、毒药品柜、小型切片机、小型炒药机、小型煅炉烘干机、消毒锅等）。中药房对中药饮片及中成药的采购、验收、存贮、养护、申领、调配等过程进行标准化、制度化、规范化管理，还包括临床用药指导、药学服务等内容。

徐老强调，中药房管理的关键在中药材质量，保证中药质量是加强中药房管理的前提，更是重中之重。中药不同于西药，在环境中极易吸潮而发生霉变、潮解，其有效成分就会降低。中药受潮后所含真正起治疗作用的成分含量甚微。如果不加强贮存管理，药失其效是必然的。因此，必须加强中药质量管理。药房必须每天由领药岗位药师根据药库出库清单核对药品数量和批号，同时检查药品的外观质量，发现有问题的药品，就放入不合格药品柜，把合格药品根据储存要求及先进先出的原则分类放入药架。在中药房配备温湿度调节的空调系统，能有效保证药品质量。领药岗位药师每天上班后和下班前检查室内温湿度表，填写温湿度记录表，发现不符合规定的，立即采取措施，调整至规定范围，同时记录所采取措施及调整后的温湿度。其他岗位的药师在使用药品过程中也要检查药品的质量，以保证患者用药安全。中药配方工作量大而且烦琐，各个环节都必须注重。如审方，配方时必须重视处方中某些特殊药材的煎煮方法并另包后向患者说明使用方法及用量。准确无误的处方调配是保证药品优质的前提，因此在调配处方过程中应严格执行中药调剂规程、医嘱和处方制度。对需要特殊处理的药物应注意处方特别标注，应按常规调配另包并注明，交代用法用量及注意事项，对调配多剂处方分剂量要均匀准确，称重误差不得超过5克，配方完毕交复核人员复核，以保证调配质量。中药饮片、中成药的购进与验收管理严格把好进货渠道。必须向持有“药品经营许可证”的经营企业进药，进药地点应该相对稳定，这样出现问题能够及时跟踪。对药品质量如有怀疑应做到宁退勿收或留样做进一步鉴定，要从严把好验收质量关，既做到宁紧勿松，更要做到勤进快销。

徐老至今仍然在说，在中药学领域，严谨和严格是神圣的义务。我们必须严格遵照《中华人民共和国药典》，严格把控中药药品质量。

徐老提出科室中药师应走出去学习和借鉴别人的经验，在院领导的同意和支持下，去省外各大中医院参观、学习、交流他们中药房的特点，以改进自己的不足。功夫不负有心人，通过徐老日日夜夜地努力，提高了浙江省中医院的中药质量，让病人省心、放心、满意。后来只要人们说起要配中药就会有“要吃中药肯定要到浙江省中医院中药房配”的佳话，深得民众的信任。

第四节　声名远播，承载重任

徐老在从事繁忙的药房和科研工作的同时，十分关心群众的疾苦和中药事业的发展，积极向领导反映中药事业及群众关心的实际问题和困难。他满腔热情地表示："要把毕生精力献给中药事业，鞠躬尽瘁，死而后已。"他一生敬君子、恶小人、刚直不阿、敢于讲真话、直言相谏，大义凛然，反对趋炎附势、阿谀奉承、拉帮结伙、不正之风。徐老一生的信念是："热爱祖国、热爱人民、热爱中医事业。"

1991年在全国医院中药理论与技术比赛中，徐老在省内担任实际技术指导老师，负责3名经选拔出来的人员技术指导，经比赛，获得团体总分第一，个人分获第1～3名，为浙江赢得了荣誉。徐老编写了《中药的处方应付》《中药的常用别名》等讲义，并负责药房参赛人员的技术指导，在历次技术比赛中，名列浙江省、杭州市前茅。

徐老一生从事中药工作，师承名家，受益匪浅，医德高尚，经验宏富，知识渊博，识药及伪品2000余种，擅长中药材的直观经验鉴别，总结"看、触、闻、尝"的中药材鉴别四步法，擅长对人参、西洋参、燕窝、冬虫夏草、羚羊角、鹿茸等贵重药品的质量鉴定，被誉为"火眼金睛""辨药奇人"，在全省乃至全国中医药领域均有影响。

徐老认为我国的传统中药学也要不断发展、创新，应该在继承发扬的基础上大力推进中医中药的现代化、标准化、科学化；认为我国医学的未来发展应该是中医、西医及中西医结合长期共存，同步发展，团结合作，优势互补，共同为我国人民的健康服务，为全人类的健康服务。中医中药是几千年来中华民族与疾病斗争的宝贵经验的结晶，是民族繁衍昌盛的保证。过去的传统医学是古代科学的一部分，属于经验医学；现在的传统医学则是从古代科学向现代科学发展，从经验医学向精准医学发展，随着社会的发展、科学的进步，应该与时俱进，持续发展。

徐老回忆当年的情景时常说科学的道路是不平坦的，在工作取得一些成果时，人们看到的是撒满鲜花的阳光大道，是胜利的喜悦，是红花与奖状。然而，很少有人知道每一项成果、每一张奖状，凝结了多少血和汗，要付出多么沉重的代价。在宁静的科室里，虽然没有枪炮声，却同样有着前赴后继的悲壮场面。

徐老记起：有一年，国内麻疹流行，很多病人是合并腺病毒肺炎，病情凶险，病死率很高，多死于急性循环衰竭、呼吸衰竭、休克等急危重症，只要能控制住这些就有把握治好麻疹肺炎，当时中药最大困难就是口服汤药难于速效，如果能把中药做成速效、强效的注射剂，病人来了打一针就能争取进一步治疗的时间，就能把孩子的命保下来。徐老当时看到这个新闻，内心也是万般无奈，他自己很想有办法，但限于当时的条件，未能如愿。

在此后十多年的临床工作中，他更多地体会到中医药要发展不能停留在两千年前的水平，因循守旧和故步自封只会阻碍中医药的发展。因此，徐老始终怀揣着中医科研的梦想，进行中医药现代化研究的想法一直没有改变，但限于当时的环境与条件，一直未能如愿以偿。他下决心一定要研究中医药，解决治病救人的难题。过去只知道中医药能治病，但是不知道为什么能治病。20世纪70年代，中医药科研刚刚起步，研究方法有限。当时他的想法是：既要注意中医药特点，又要吸收国内外先进方法，在借鉴的基础上加以创新。徐老把毕生精力献给了中医药事业。他总是强调学海无涯，自己的知识有限，应该活到老学到老。

第五节　入选名医，毕生奉献

胸怀坦荡，仗义执言。在这70多年的时间里，徐老经历了人生事业的跌宕起伏和艰难的摸爬滚打，徐老也从最初的跟班学徒，到现在国家级名老中医传承人，现在已经92岁高龄的徐老依然在坚持工作。尽管4年前因心脏病进行手术，但徐老始终都在想着工作。世界上没有奇迹，一切事物都应该是有原因的。现在回想起来，从4年前到现在，从发现到治疗，再到康复的过程仍历历在目，徐老顽强的意志、乐观的情绪，为广大病人树立了一个良好的榜样。

徐老要求学生，学药先学德，有良好的医药道德，才能全心全意为病人服务，否则，医药之术再长，也只能是“下工”。所以徐老在70余载的中药工作中，以德为本，技术领先，勤勤恳恳，任劳任怨，脚踏实地地做好中药工作，严把药品质量关，特别是中药材，由于受产地、加工炮制、采收季节和价格因素影响，使一些不法之徒有利可图，以次充好，以假乱真。这不仅要求中药师要有高尚的医德，而且要有过硬的技术，才能把好药品质量关。徐老不仅以身作则，对学生要求也十分严格。“学药先学德，不做要糊涂”

是徐老的宗旨。这样才能把好药品质量关，更好地为病人服务。

徐老因工作表现突出，技术过硬，1955年加入中国共产党，1955年和1956年2次被评为市级先进工作者。1993年晋升为主任中药师。1996年被省卫生厅命名为浙江省名中药师，1997年被批准为第二批全国名老中医药专家学术经验继承工作指导老师。徐老无论是学术，还是做人都受人敬重。

1956年8月进入浙江省中医院并筹建中药房至今，在徐老的积极努力和大力推动下，大批中药师聚集省中医院，并成立了中药房。在此期间，徐老担任中药房副主任，他了解到当时中药房发展尚有诸多困难，必须做到不跟风、不随流、不盲从，坚定地走符合中药自身发展的道路。

没有全面的继承，创新就无从谈起。中药学术必须不断创新，否则就会停滞不前。中医药学是在我国五千年的优秀中华文化和科技生产力的实践中造就的，具有其独特、系统的科学理论，新世纪中医药学必须按照自身的发展规律并辅以现代科学技术，不断地完善和发展自己。

其后，徐老被调入学院进行执教，从此踏上了培养中药后来人的道路，为中药房人才的培养付出了大量心血。

徐老要学生阅读经典，继承前贤，弃之谬误，整理提高的同时，不要拘泥，还要尽可能多的阅览近代或当代著作文献，多探讨研究，拓展思路，更新观念，汲取新知，使中医药更好地为患者服务。

徐老参与了《浙江省中药炮制规范》1977版、1985版、1994版、2005版的编写，撰写了《中药材的经验鉴别》《谈谈中药管理与贮藏的经验》《中药房的管理》《炮制对中药质量的关系》《煎煮冬令滋补膏》《中药饮片传统鉴别经验》《高温锅煅制枯矾方法》等十余篇学术论文。徐老先后担任杭州中心门诊部中药房负责人，省中医院中药房副主任，省中药学会常委，省高级专业技术职务评审委员，省中医药科技工作专家咨询委员会专家成员等。

在浙江省卫计委的大力支持下，浙江省中医药管理局项目——徐锡山名老中医传承工作室于2012年9月在浙江省中医院开始筹建，由中药房负责建设和管理，郑敏霞为工作室负责人。

徐锡山名老中医药专家传承工作室是传承徐老学术思想和临床经验、培养中药传承人才的重要载体，是建立中医药学术传承和推广应用的有效方法和创新模式。

岁月流逝，回望那颗年轻的心，徐老从药栈开始了他的中药生涯，未曾想，这一干就是大半辈子，在救治病人的道路上坚定前行，同时充分利用了自己的专业知识和经验，发表文章，不求闻达于世，但求给更多的病人和中药师带去福音，实现作为一名中药师的夙心往志。一路走来，徐老将全部的心血和热情奉献给了中药事业。

第四章

高超技术

第一节　看触闻尝，辨伪识真

徐老在近80载的中药工作中，积累了丰富的经验和技术，特别是对中药直观鉴定，有独特之处，做到得心应手，匠心独运，有着“辨药奇才”之称。

辨药，就是现在说的性状鉴定，即利用眼看、手摸、鼻闻、口尝、水试、火烧等方法，来观察药材的形状、大小、厚薄、颜色、表面特征、质地、折断现象、断面特征及气味等，是鉴定药材的依据。

（1）眼看：就是细致地看药材的全貌、大小、表面颜色、质地等，并掌握药材根、茎、叶花、果、种子的各自特点。例如，银柴胡的“珍珠盘，砂眼，黄白相间的放射状纹理”。

（2）手摸：就是用触摸或揉捻的方法观察药材，如山药与天花粉，山药摸着较细腻，天花粉摸着较粗糙。

（3）鼻闻：就是闻药材的气味，可揉碎叶子，剥开果实，切开根茎来闻，有许多药材有其独特的气味。如鱼腥草有鱼腥味；阿魏有蒜样臭味。

（4）口尝：用嘴来品尝药味。如黄连有苦味；熊胆味苦后回甜，黄芪有豆腥味。

（5）水试：观察药材在水中的变化。例如，苏木放入水中，水能染成桃红色；西红花放入水中后，柱头膨胀呈喇叭形，水被染成黄色；熊胆粉放入水中，盘旋着慢慢下沉有黄线下垂至杯底不扩散；菟丝子遇热水能吐丝，有黏性。

（6）火烧：有些药材用火烧时能产生特殊气味、颜色、烟雾、响声等。例如，海金沙燃烧时发出闪光，同时冒黑烟而不留灰烬；血竭放在纸上用火烤，有呛鼻的苯甲酸气味，熔化但无扩散油迹，色红如血，透明无残渣。

（一）人参

【别名】棒槌。

【来源】本品为五加科植物人参（*Panax ginseng* C.A.Mey.）的干燥根及根茎。商品有野生品、栽培品两种。

【产地】野山参产量甚微，分布散，价格昂贵。主产于辽宁、吉林、黑龙江，除我国东北地区以外，俄罗斯远东地区和朝鲜也有出产，俄罗斯产量大，而朝鲜产量少。《中国药典》（2010年版）不再收载野山参，而收载林下参（籽货）。人参早已由野生变为栽培园参，主产于吉林抚松、集安、靖宇，以长白山产量最大，尤其抚松素有“人参之乡”之称。辽宁宽甸、新宾、风城、本溪，黑龙江铁力、伊春等均产。边条人参生长年限长，产量小，以集安和辽宁新宾、宽甸等县产品为主，称“集安参”。辽宁省宽甸县露河乡石柱子沟产的人参称“石柱参”。现在一些人参产区认为栽培9年以上者称为“边条参”，种植12年以上者称为“石柱参”。

【本草溯源】始载于《神农本草经》，列为上品，云：“古名人漫（音参），因根如人形而得名。”据《本草纲目》记载，人参野生于上党（今山西潞安）及辽东。今以东北为主产地，宋代苏颂对人参的描述可谓十分详细，谓：“春天生苗，生长在山阴椴漆树林下的湿润处，初生幼小者长二至四寸，一椏五叶（指五小叶的掌状复叶），四五年生两椏五叶，十年后生三椏，年深的生四椏，都是五叶。根如人形。”人参是我国名贵药材之一，常有“中药之王”的美誉。

【分类】按生长习性来分：自然生长于荒山野岭之中的称“野山参”或“山参”；用种子在荒山上繁殖5～6年后称“移山参”；用人工栽培与管理的习称“园参”。按加工方法不同，一般可分为生晒类、蒸制类、糖水浸类三类。生晒参类有生晒参、生晒参须等；蒸制类有红参、东宝参等；糖水浸类有白糖参等。从朝鲜半岛进口的人参称为别直参或高丽参。韩国分天、地、良、切四个等级；朝鲜分天、地、人、翁四个等级。

【性状鉴别】野山参和移山参很难辨别，可根据传统经验进行辨别，如“马牙芦，灯草心，下垂节，铁线纹，落肩膀，细橘皮，少数腿，珍珠点”，也有“雁脖芦，螺旋纹，八字形，皮条须，珍珠疙瘩”的记载。

（1）纯野山参：五形鉴别全类（芦、艼、纹、体、须相称）。有元芦，艼中间丰满，形似枣核，皮紧细，主根上部横纹紧而深。须根疏而长，质坚韧（俗称“皮条须”），有明显珍珠疙瘩。表面牙白色或黄白色，断面白色，味甜、微苦。100g鲜野山参，干燥后有20～23g。要购到五形齐全的野山参已不可能，能符合两至三形足矣。

（2）籽海：又称“籽货”“籽扒”，是指把栽培人参的种子播在深山老林的土壤里任其自然发育生长，经15年以上采挖者。目前人参市场所谓的“山参”就是该品。芦细长，芦碗稀，多数为2节，3节芦很少，毛毛艼，顺直下垂，较细嫩。皮嫩纹线，黄白色或灰黄色，须根长而多，无弹性，珍珠点不明显。

（3）籽扒：因栽种之前整过土，故芦头长而细，芦碗间距大，排列稀疏，形成“竹节芦”，艼下垂，有时对生而形成“掐脖芦”，外观多数无光泽，须条同籽海，但其须更多。

（4）池底参：芦头粗壮，碗大，体松泡，外皮粗糙，须根的珍珠点较大。

（5）移山参：是将较小的山参移植于适应人参生长的环境中，又便于管理，经移载10余年后再挖出者。参形略有变异，品质不及野山参。由于人工移动，土松动过，其形和野山参亦有区别，顶端芦碗变大，艼多毛须，身有粗皮而疏松，铁线纹向下跑，须细嫩而长，珍珠点少。目前市场绝不少见。而称移山参者，往往是指园参幼苗，移栽后10年左右采挖的。

（6）石柱参、边条、园参：均是指栽培在园中的人参，又称“秧子参”，由于产地、地理环境、气候、栽培方法、生产年限、产地加工性状特征的不同，石柱参一般育苗3年，移植后生长3年再移植3～4次，培育12年以上可采挖。加工蒸制后称石柱参，比一般人参小一些，但质量好，纹理细腻，一般人参顶部发达，石柱芦细而长，芦下有柱状颈部，这是它得名的由来。一般来讲，石柱参芦长、身长、支少而长。

边条属红参的一种，外形基本同红参，但边条根茎上的芦碗不正，具有芦长、身长、腿长之美称，是红参中的佼佼者。边条经2次移栽，主根细长，支根少，有马芽芦，皮细结。

园参一般育苗3年，移栽后再3年，培育6年左右收获，一般秋季中旬采挖。根据园参的形态选择合适的加工类型，如生晒参、籽参、全须生晒参、白干参、大力参等。选洗净的根粗壮，浆水足的“园参水子”，剪去小支根，蒸2～3小时，取出烘干，即为“红参”，剪去的支须蒸后，称红参须，未蒸者生晒称白参须。

（7）高丽参：又称“别直参”“朝鲜人参”，是朝鲜或韩国用特殊方法加工而成的压制参，亦分白参、红参两种。白参体较粗糙弯曲，有不规则的纵皱纹，色白，质松体轻泡。红参因加工方法不同，可分为两大类：一类产于韩国，俗称“南货”；另一类产于朝鲜，俗称“北货”。韩国规格分为天字、地字、良字、切字；朝鲜规格分为天字、地字、人字、翁字。每盒装600g计称。为了方便记忆鉴别，可将红参的特征概述为：朝鲜红参，双芦油盏头，将军肩，半黄马褂，少数腿；日本红参，多芦油盏头，美人肩，大屁股，腿多而乱，有的剪除数条；国产红参，单芦较多，芦碗中央浅陷，体胖长或上粗下细，表面红棕色，根皮粗黄色。

一般选身支均匀的红参，如15支一盒的，平均每支重量31.57g，要选32g以上的为好；20支装的，要选22g以上为好。韩国红参，粗短而无颈，多双芦，主根粗短，上下较均匀，红棕色渐变成锈红色，切片水炖不易糊化。朝鲜本地的红参加工品，切片不易糊化；阳德参，切片较易糊化。中国红参加工制品，长或粗短不一，有颈或无颈，无双芦或有双芦，有时有切芦现象，粗糙，具有横向皮孔状突起或平滑而有光亮感。

【性味与归经】甘、微苦，平；参芦苦，微温。归脾、肺、心、肾经。

【功能与主治】大补元气，复脉固脱，补脾益肺，生津养血，安神益智。用于体虚欲脱，肢冷脉微，脾虚食少，肺虚喘咳，津伤口渴，内热消渴，久病虚羸，惊悸失眠，阳痿宫冷，心力衰竭，心源性休克。参芦涌吐，提升，用于体虚痰饮壅盛，泄泻日久，气陷脱肛。

（二）三七

【别名】金不换、田三七、参三七、盘龙七、山漆。

【来源】本品为五加科植物三七[*Panax notoginseng*（Burk.）F.H.Chen]的干燥根及根茎。

【产地】主产于云南的文山、广南、西畴、马关、麻栗坡，广西的靖西、睦边、百色等地，以及四川、湖北、江西等省均有栽培或野生，以云南文山栽培品为著名。

【本草溯源】《本草纲目》列入山草类，释名“金不换”。李时珍推测本品原名为山漆，因能合金疮，如漆黏物。“金不换”则表示贵重之称，又谓其叶左三右四，故名三七。本品自古用作止血及伤科要药，又谓其叶亦有类似功效。

【采收加工】三七种植需3～4年后才能采挖，一般在七、八月采收，如在秋季开花前采收，称“春七”，因结籽前，侧根充实饱满，质较佳；如在冬季结籽后采收，则体较瘪瘦，外形多皱缩，称“冬七”，质较次。将根挖出后除去地上茎及泥土，剪取主根（习称三七头子），晒至半干，再反复搓揉，发汗后，曝晒至足干即为毛货。将毛货置麻袋内加蜡，往返振荡，使主根表面呈光亮的棕黑色即为成品。商品按颗粒大小分档，如“春七”，每500g20个以内者称20头，为一等；30头以内为二等；40头以内为三等，60头以内为四等；80头以内为五等；120头以内为六等，160头以内为七等；200头以内为八等。

【性状鉴别】本品根部呈倒圆锥形或纺锤形，长1～6cm，直径为1～4cm。表面呈灰黄色（习称“铜皮”）或灰褐色（习称“铁皮”），或呈光亮的黑棕色。顶端较平或有茎痕，周围有瘤状突起，习称“狮子头”，全体有断续的纵皱纹、支根痕及横向皮孔。体重，质坚实，不易折断。断面灰黑色或灰绿色，有光泽。皮部有细小的斑点（树脂道），中心木质部微呈放射状纹理（菊花心）。气微，味先苦后微甜。有“铜皮铁骨狮子头”之称。

【性味与归经】甘、微苦，温。归肝、胃经。

【功能与主治】散瘀止血，消肿定痛。用于咯血，吐血，衄血，便血，崩漏，外伤出血，胸腹刺痛，跌仆肿痛。

附 三七花

三七花为五加科植物三七未开放的伞形干燥花序。性味微苦甘凉。功能主治：用于降血压，降血脂，减肥，防癌，抗癌，咽喉炎，牙周炎，生津止渴，提神补气，提高心肌供氧能力，增强机体免疫功能。

（三）西洋参

【别名】花旗参。

【来源】本品为五加科植物西洋参（*Panax quinquefolium* L.）的干燥根。

【产地】主产于美国、加拿大，我国早在20世纪50年代，江西庐山已有引种。20世纪70年代后，在北京怀柔、昌平，吉林靖宇、抚松，辽宁桓仁、本溪，黑龙江五常、宁安，山东莱阳、文登等地均有栽培。

【本草溯源】西洋参原野生在大西洋沿岸北美丛林中，是一种与我国人参同科不同种的植物。西洋参在康熙年间流入我国后，清朝太医院的御医们，便按照中医传统理论，详细拟定了西洋参的性味与归经、功能与主治。但认为西洋参虽然外表与人参看似无异，可主要性味和功能与中国产人参不同。《本草从新》认为西洋参"补肺降火，生津液，除烦倦，虚而有火者相宜"。《药性考》认为西洋参"补阴退热，姜制益气，扶正气"。《本草求原》有"清肺肾，凉心脾以降火，消暑，解酒"的记载。综合各家论述，与现在使用基本相同。

【采收加工】秋季采挖生长4～6年的根，除芦茎、须根，连皮晒干或焙干称原皮参，晒干后用细砂与原皮参共放布袋内撞刷去外皮，大小分档。加拿大和美国生产的西洋参，因国内用量少，一般都整支带芦根和须根运往中国香港，再加工分档，运往东南亚各国销售。

【性状鉴别】

（1）野生西洋参：主根圆柱形或纺锤形，主根短而支根少。如野山参有横灵体，小支如蚕蛹状，表面灰褐色，有紧密黑色螺丝环绕，体轻质松而硬。断面类白色，散有许多橘红色的点状树脂道。气浓，味苦带甘。

（2）进口栽培西洋参：主根粗壮，呈长圆锥形，纺锤形或圆柱形，肩部及身中段丰满，长2.5～5cm，直径为1.5～2.5cm。主根中下部可见一至数条残断侧根痕，少数上部衩状分枝，芦头除去或残留，表面淡黄褐色或黄白色，有细密线皱或稍瘦瘪，纵皱较深，可见横向环纹及线状栓化瘢痕。体坚实较重，折断面较平坦，略呈角质样，或有小裂隙，略显粉性，白色或浅黄棕色，形成层附近色泽较深，皮部可见暗黄褐色小斑点，气微而特异，味微苦而甘。嚼之口内生津液，口感清爽，味久留口中。粉光参表面黄白色。分短支、长支、中长支等各档规格。

（3）国产西洋参：主根呈圆柱形、长圆锥形、牛尾形、疙瘩形，主根中下部可见一至数条残断的侧根，表面浅黄色或黄白色，灰褐色，较丰满，有的具细密的纵皱，可见横向环纹及断续浅状柱化瘢痕，有的较光滑，质较松，断面略显粉性，皮部暗黄褐色小斑点较少，微有清香，味较淡。粉光参表面黄褐色。味微苦、甘。

国产西洋参与进口栽培西洋参（用国外种子栽培第一代、第二代）性状已较难区分，所以市面上常有国产西洋参冒充进口栽培西洋参销售。

【性味与归经】甘、微苦，凉。归心、肺、肾经。

【功能与主治】补气养阴，清热生津。用于气虚阴亏，内热，咳喘痰血，虚热烦倦，消渴，口燥咽干。

【注意事项】不宜与藜芦同用。

【附注】

20世纪80～90年代，西洋参比较名贵，在市场上以生晒参冒充西洋参时有发生。生晒参，呈圆柱形、纺锤形。芦头长或已除去，无支根和须根，表面黄白色，皮粗糙，纵皱纹粗而明显，有横长的皮孔样突起，质地较轻泡，折断面平坦，放射线纹理不明显，皮部或下部中多具裂隙，味淡，后稍苦。也有以南沙参在地摊上当西洋参出售欺骗群众的。

由美国、加拿大引进西洋参种子种植，第一代、第二代质量较佳，以后就有变异，这与中药的道地药材问题有关。

近年来，我国东北、陕西、北京、山东、天津等地大量引种西洋参。但因气候、土质等生态环境与原产地不甚相同，加上其他因素影响，使国产西洋参在外观性状等方面存在差异（表4-1）。

表4-1　进口西洋参和国产西洋参的鉴别比较表

类别＼项目	进口原皮西洋参	国产原皮西洋参	进口光皮西洋参	国产光皮西洋参
性状	土黄色，横纹色灰而细密，内部黄白色，质轻，皮细	土黄色，横纹稀少，纵纹稍深陷，质坚	色白，外皮横纹多，细密，质轻，粉性少	色白，横纹疏，外表时见橘红色，纵向纹理，质重而坚，粉性足
气味	气特异香而浓，味苦，兼甘，口感持久	气微，味苦重，而甘味淡，久嚼而涩，稍黏舌	气特异香而浓，味微甘带苦，口感清爽，味能久留口中	气特异香气淡，味苦稍重或淡，嚼之淡而微涩，黏舌
断面	平坦，稍角质，有细微菊花纹理	不平坦，实心，菊花心纹理不明显	较平坦，微呈角质状，有细微菊花纹理	不平坦，切片内层多实心。菊花心纹理不明显

（四）石斛

【别名】金钗石斛、鲜边斗、鲜金钗、川石斛、鲜石斛、金石斛、枫斗、杯鞘石斛。

【来源】本品为兰科植物金钗石斛（*Dendrobium nobile* Lindl.）、鼓槌

石斛（*Dendrobium chrysotoxum* Lindl.）或流苏石斛（*Dendrobium fimbriatum* Hook.）的栽培品及其同属植物近似种的新鲜或干燥茎。

【产地】常附生林下岩石上或树上。主产于云南、广西、广东、四川、贵州、湖北、台湾、海南等省区。

【本草溯源】始载于《神农本草经》，云："石斛，味甘平。主伤中，除痹，下气，补五脏劳损……一名林兰，生山谷。"《本草蒙筌》云："石斛，多产六安，亦生两广。茎小有节，色黄类金。"《本草纲目》载："石斛丛生石上，其根纠结甚繁，干则白软，其茎叶生皆青色，干则黄色。开红花，节上自生须根，人亦折下，以砂石栽之，或以物盛挂屋下，频浇以水，经年不死，俗称'千年润'。"石斛来源较多，目前多数为栽培品供药用。

【采收加工】全年均可采挖，以秋后采挖者质佳。制成川石斛、金钗石斛，需置沸水中略烫，取出，晒干；鲜用以砂土栽种备用。制石斛，剪成长4～7cm的段，置盘内加火烘软，用竹丝卷呈螺旋形，反复烤干至不变形时放凉。

【性状鉴别】

（1）金钗石斛：为扁圆柱形，切成段或厚片，直径为0.4～0.6cm。表面黄绿色、灰绿色或暗色，有纵沟。切片边缘呈不规则的波状，质疏松，断面纤维性。气微，味苦，嚼之有黏性。

（2）川石斛：来源为球花石斛和马鞭石斛，切厚片，直径为0.5～0.8cm。球花石斛略大。表面黄绿色或暗黄色，切面边缘呈不规则波状。质疏松，断面纤维性。味微苦淡，嚼之无黏性。马鞭石斛茎呈长圆柱形，长40～120cm，节间长2～4cm，表面呈暗黄色，有纵深槽，质疏松，断面呈纤维性，嚼之无黏性，味微苦。

（3）枫斗：来源为球花石斛、齿瓣石斛，制成螺旋形或弹簧状，通常有2～4个旋，直径为0.3～0.6cm。表面黄绿色，不易断，断面常略带纤维性。气微，味淡，嚼之有黏性。

【性味与归经】甘，微寒。归胃、肾经。

【功能与主治】益胃生津，滋阴清热。用于阴伤津亏，口干烦渴，食少干呕，病后虚热，目暗不明。

【附注】

鲜石斛主要有两种类型，茎扁金钗型（金钗石斛），茎圆柱形黄草型

（黄草石斛，马鞭石斛），呈圆柱形或扁圆柱形，长约30cm，直径为0.4～1.2cm，表面黄绿色，光滑或有纵皱，节明显，色较深，节大有膜质叶鞘，肉质，多汁，易折断，气微，味微苦而回甜，嚼之有黏性。

20世纪50年代中期以前，杭州地区鲜石斛专业商品供应有鲜金钗石斛、鲜爪兰石斛、鲜石斛（流苏石斛、美花石斛、束花石斛），亦称“吊兰”。还供应霍山石斛、直条霍山石斛、爪兰霍斗、铁皮石斛等。

20世纪80年代初，货源奇缺，曾出现同科植物流苏金石斛（有爪石斛），广东等地用药，在杭州地区亦当川石斛供应过。还有同科石豆兰属植物的根状茎及假鳞茎混作川石斛供应，发现后即停用。

（五）铁皮石斛

【别名】耳环石斛、龙头凤尾、仙斗。

【来源】本品为兰科植物铁皮石斛（*Dendrobium officinale* Kimura et Migo）的干燥茎。

【产地】主产于云南、广西、贵州、四川、浙江等地。珍贵稀少，濒危绝种，不能满足市场需要。现经科技人员不断努力，已经由野生转变为栽培。

【本草溯源】始载于清代赵学敏《本草纲目拾遗》，云：“霍山石斛出江南霍山，形似钗斛细小，色黄而形曲不直，有成毬者，被土人以代茶茗，谓极解暑醒脾，止渴利水，益人力气。”《名医别录》载：“石斛生六安，水傍石上”，据此可以判断赵学敏所谓的霍山石斛就是现代的铁皮石斛。

【采收加工】全年可采，加工、整理，除去根及泥沙，将茎切短，用热锅烘烫翻动烘软，用细竹筷卷成螺旋形2～4圈，用稻草加箍，反复文火烘烤干燥，制成螺旋状成品。

【性状鉴别】本品呈螺旋形或弹簧状，通常有2～4个旋，展开后有节和节间之分。茎较细，直径为0.15～0.4cm，表面深灰绿色或略带金黄色，有蜡样光泽，具细纵纹，叶鞘膜质或残存呈纤维状。有的一端可见数个类白色断根或根痕，俗称“龙头”；另一端稍细，俗称“凤尾”。质坚实，易折断。断面平坦，略呈角质样。气微，味淡，嚼之有黏性。

【性味与归经】甘，微寒。归胃、肾经。

【功能与主治】益胃生津，滋阴清热。用于阴伤津亏，口干烦渴，食少干呕，病后虚热，目暗不明。

【附注】

中华人民共和国成立前，只有几家大药店备有鲜铁皮石斛。一般药店只供应鲜金钗石斛、紫皮石斛和爪兰石斛等。

全世界有石斛1000余种，我国有200余种，其中51种已收载入书。在农贸市场有不同品种的石斛供应，还有同科非正品广东石豆兰、浙江岩珠、红岩珠等石斛。

齿瓣石斛（紫皮、紫皮斗、紫皮枫斗）俗称“紫皮石斛”，制成石斛，螺旋状，茎较铁皮石斛稍粗，色青绿或略带紫色，稍有蜡样光泽，有的叶梢未去净。折断面平坦，味淡或微带甜，黏性，紫皮芽，嚼之无渣，质量不错。

（六）西红花

【别名】藏红花、番红花。

【来源】本品为鸢尾科植物番红花（*Crocus sativus* L.）的干燥柱头。

【产地】历史上多数从印度、伊朗经西藏进口，误认为是我国西藏出产。1979年，我国从日本引进种子，在上海、浙江、江苏等地引种成功，目前基本可以满足市场供应。

【本草溯源】自唐代由印度传入我国主要供药用。《本草纲目拾遗》载：“藏红花，出西藏，形如菊。干之可治诸痞。”《增订伪药条辨》云：“西藏红花，花丝长，色黄兼微红，性潮润，气微香，入口沁入心肺，效力甚强，为红花中之极品。”说明西红花比杜红花质优。

【采收加工】9月中旬花芽萌动，10月底至11月中旬开花，采摘鲜柱头，及时干燥，装入容器内储藏。

【性状鉴别】本品呈线形，有3个分枝，长约3cm，暗红色。上部较宽而略扁平，顶端边缘显不整齐齿状，内侧有一短裂隙，下端有时残留一小段黄色花柱。体轻，质松软，无油润光泽，干燥后质脆易断。气特异，微有刺激性，味微苦。入水则柱头膨胀，呈长喇叭状，散出橙黄色素，染水呈黄色。

【性味与归经】甘，平。归心、肝经。

【功能与主治】活血化瘀，凉血解毒，解郁安神。用于经闭癥瘕，产后瘀阻，温毒发斑，忧郁痞闷，惊悸发狂。

【注意事项】孕妇慎用。

【附注】在货源紧缺、价格猛涨时，西红花常见伪品有以下3种：①莲须或黄花菜切丝染色而成，通常呈染红色，无黄色细丝。水浸润后呈片状或丝状，不呈喇叭状，水染成红色。②菊花舌状花，以菊花舌状花染色仿制成。③外观不太像西红花，用碘液一滴，即呈黑色，而真品不变色。

（七）冬虫夏草

【别名】虫草、川虫草、藏虫草。

【来源】本品为麦角菌科真菌冬虫夏草[*Cordyceps sinensis*（Berk.）Sacc.]寄生在蝙蝠蛾科昆虫幼虫上的子座及幼虫尸体的复合体。

【产地】本品均为野生，生产于青藏高原的青海治多、囊谦，西藏昌都、那曲等地所产称为“藏草”，质量好；四川甘孜、金川等地所产称为“川草”。此外，云南、贵州亦有少量出产。

【本草溯源】始载于《本草从新》。其具有保肺益肾、补精益髓、止血化痰之效。又载：“四川嘉定府所产者最佳。云南、贵州所产者次之。”冬虫夏草是1842年经真菌学家伯克利研究发现的。所谓“冬虫夏草”，是麦角菌科真菌冬虫夏草菌寄生在蝙蝠科昆虫幼虫上的子座及幼虫尸体的干燥复合体。《青藜余照》云：“四川产冬虫夏草，根如蚕形，有毛能动，夏月其顶生苗。”中华人民共和国成立前，市场供货均是四川虫草，商品分为散虫草、把虫草两种，形状与目前虫草所用之品吻合，而瘦小一些。

【采收加工】冬虫夏草习生于海拔3500m以上的高寒山区，采集必须在积雪融化时，夏初子座出土，孢子未发前采挖。因时间短暂，必须及时采挖，否则孢子发散，虫体枯萎，不合药用。采收后，除去泥土及膜衣，晒至六七成干，除去似纤维状附着物及杂质，晒干，雨天低温干燥。

【性状鉴别】本品由虫体与从虫头部长出的真菌子座相连而成。虫体如三眠老蚕，长3～8cm，直径为0.3～0.8cm，表面深黄色至黄棕色。背部多皱纹，粗糙，环纹明显，近头部环纹较细。共有20～30条环纹，背中间三环一组明显，二端单行。腹部有足8对，位于中体中部4对明显突出，近头部1对，尾3对。质脆，易折断，断面内芯充实，白色，周边显深黄色。头部红棕色，菌座（子实体）从虫体头部长出，基部常将虫头包被生出，呈长圆柱形，弯曲，下端略粗，上部稍膨大。子座“草”长4～7cm，直径为0.3cm。表面深棕色至棕褐色，有细皱纹。有些上部稍膨大，表面具较多的瘤状突起，可见不孕的顶部。不易折断，断面多数中空。有草菇气味，味微酸。以虫体丰满肥大、色黄亮、断面充实白色、菌座短壮、气香浓者为佳。

【性味与归经】甘，平。归肺、肾经。

【功能与主治】补肺益肾，止血，化痰。用于久咳虚喘，劳嗽咯血，阳痿遗精，腰膝酸痛。

【附注】冬虫夏草名贵的原因如下所述。

（1）产地环境：生长于海拔3500～5000m雪线之间的高山草甸。在气候、土壤、植物草间有着独特条件。

（2）主产于青海、四川、西藏，供应全国和出口。每年交易量只有100吨左右。

（3）采挖出土期时间较短，必须及时采挖，否则虫体枯萎，不合药用。

（4）幼虫在土中，生长期为4年，每年仅长1cm，长到4cm时感染真菌生出子座。关于人工培育冬虫夏草，不少科学家做过试验，至今仍然无法实现。

（八）麝香

【别名】元寸香、射香

【来源】本品为鹿科动物林麝（*Moschus berezovskii* Flerov）、马麝（*Moschus sifanicus* Przewalski）或原麝（*Moschus moschiferus* Linnaeus）成熟雄体香囊中的干燥分泌物。

【产地】主产于青藏高原、四川、湖北、云南、贵州等。野麝是一种生于温带、亚热带及亚寒带海拔2400～4000m的高山动物。

【本草溯源】始载于《神农本草经》，列为上品，具有开窍、通经络、止痛消肿之效，为配制丸散及外科要药。陶弘景曰："麝形似獐而小，黑色，常食柏叶，又啖蛇，其香正在阴茎前皮内，别有膜袋裹之，五月得香，往往有蛇皮骨。"《本草蒙筌》载："陕西各山谷中俱生，文州诸蛮中尤盛。形类獐略小，香结脐近阴。凡脐闭满之时，自将蹄尖剔出，所落之处，草木焦黄。"李时珍曰："麝居山，獐居泽，以此区别。麝出西北者香结实，出东南者谓土麝，亦可用，而力次之。南中灵猫囊，其气如麝，人以杂之。"历年来，依靠猎捕取麝香，长期捕杀导致货源奇缺，现用人工养麝取香，但远远不能满足日常需要，麝香掺伪现象严重。

【采收加工】春、冬季为狩猎捕获期。捕获后，将雄麝的脐部香囊连皮割下，除去多余皮肉，将毛剪短，阴干。人工养麝，每至泌香期用特定工具刮取麝香，来年又能分泌麝香，每年均可采收一次麝香。

【性状鉴别】

毛壳麝香呈扁圆形或类椭圆形囊状体。直径为3～7cm，厚2～4cm，开口面较平，为棕褐色的革质皮，密生白色或灰棕色短毛，四周围绕中心呈旋涡状排列。中间有一小孔（囊孔），直径为0.2～0.3cm。另一面为棕色，略带紫色的皮膜，无毛，微皱缩，手捏有弹性。用剪刀从囊孔处剪开，可见中层皮膜，呈银灰色，半透明，习称“银皮”；内层皮膜呈棕红色或灰紫色，质软，习称“油皮”或“黑内衣”，内含颗粒状、粉末状或小丸状“当门子”，并留有少量细毛及内层皮膜。当门子在油皮外面，正对囊孔处，好似挡着门口，故名“当门子”，形似羊粪状，大小不一，黑而无光亮，内部为黄棕色，是香囊中的精华。散香多数疏松油润，黄棕色或紫棕色。气浓香特异，味微苦。

人工饲养者无壳，散香呈颗粒状、短条形或不规则团块。表面不平，紫黑色或深棕色，显油性，微有光泽。

【性味与归经】辛，温。归心、脾经。

【功能与主治】开窍醒神，活血通经，消肿止痛。用于热病神昏，中风痰厥，气郁暴厥，中恶昏迷，经闭，癥瘕，难产死胎，心腹暴痛，痈肿瘰疬，咽喉肿痛，跌仆伤痛，痹痛麻木。

【经验鉴别】

（1）从外观看，外形生长自然，富有弹性。以手攫之微软不触手，内香仁易聚易散，能放手还原状。并可用槽针插入囊内，沿四周探测有无异物抵触，若不滞针，抽出槽针，香仁应逐渐出现膨胀而高于槽面习称“冒槽”，香气浓烈，不应有纤维等异物或异常气味。有的尚有细绒毛，香气浓郁，即为真品。若遇异物，如坚实，饱满，捏之无弹性，抽出的香仁不冒槽，无弹性，香仁粘连，色暗紫，或香气不浓（掺有伪品），即属伪制品或掺伪品。

（2）手捻：取麝香少许，用手捻搓成丸状，松开后丸团逐渐松散还原，不黏手或手部染色，且手上的香气经久不散者为真品。

（3）口尝：取麝香少许，放于舌尖，具有甜、辛、苦、咸、酸五味，先苦而后甜，入口有刺舌感，习称“钻舌”，溶化无渣，扩散力强，并有浓郁香气，立即通于心脾、鼻腔及舌根者为真品。

（4）火试：取麝香少许，置热坩埚或金属片上用火烧试，初则迸裂，随即熔化，油点似珠，膨胀冒泡，现白色灰烬，香气浓烈四溢者为真品。烧后几乎全部灰化，无残渣。燃烧时无毛，肉焦臭，无火焰、火星出现。

（5）水试：取麝香少许，放入水中，浮于水面，水色则呈黄棕色，水液澄清。

（6）推灰：于水面撒一薄层细草木灰，放入麝香仁后应不被推散。

（7）穿刺试验：用葱捣汁，将细线浸过（现用现浸），引穿过香囊二三次，线上的葱汁味应完全消失。

（8）纸压法：用易吸水之洁净纸，取麝香少许置纸上，将纸对折，稍用力挤压，纸上不留水迹和油迹，纸也不染色。

【注意事项】孕妇禁用。

【附注】麝香货源奇缺，价格猛涨，有用麝皮或其他皮伪制者。将树脂、锁阳、望春花心、儿茶、肉桂、羊屎、松香、肝等研粗粉或细粉，调油脂及其他皮毛填充于麝香空壳内，伪制成整个麝香状，伪充麝香。

（九）鹿角

【别名】梅花鹿角片、马鹿角片。

【来源】本品为鹿科动物梅花鹿（*Cervus nippon* Temminck）或马鹿（*Cervus elaphus* Linnaeus）的雄鹿已骨化的角或锯茸后翌年春季脱落的角基，分别称“梅花鹿角”“马鹿角”“鹿角脱盘”。

【产地】主产于内蒙古、东北三省、河北、新疆等地。

【本草溯源】鹿角为较常用中药材之一，鹿茸为贵重中药材之一。初生嫩角称“鹿茸”，长大老化称“鹿角”。始载于《神农本草经》，列为中品。《雷公炮炙论》云：“其角要黄色，紧重尖好者。”苏颂曰：“七月采角，以鹿年久者，其角更好。”李时珍曰：“鹿，处处山林中有之……马身羊尾，头侧而长，高脚而行速，牡者有角，夏至则解。大如小马，黄质白斑，俗称马鹿。”可见古代有记载鹿茸、鹿角两种，与今使用相符。

【采收加工】脱落角多数在春夏之间换新角时脱落并拾取，除去地沙即得。砍角多数是于猎杀后割取。

【性状鉴别】

（1）梅花鹿角：呈分支状，3～4岔。全长30～60cm，左右两支对称。主挺稍向后弯曲，直径约为3cm；侧支向两旁伸张，支端渐细，基部有“珍珠盘”。表面呈红棕色，末端白色，有光泽，具疣状突起及棱纹。质坚硬，断面周边白色，中央灰色，具细蜂窝状小孔。气微，味微咸。

（2）马鹿角：产西北者常为3～4岔；产西南者为5～6岔。长45～65cm，正挺直径可达6～8cm。表面呈灰褐色或灰黄色，有光泽（野生山野拾得的多年脱落角多数粗糙有裂纹）。脱落的基部有“珍珠盘”。骨质坚硬，断面外圈白色较厚，蜂窝孔粗大，多数为灰黑色或微带红色。气微，味微咸。

（3）鹿角片：为卷曲状或平坦的薄片，切面骨质，灰白色或微带褐色，有的中部呈灰褐色或青灰色，密布蜂窝状细孔。质柔韧或坚韧，捏之有弹性。气微腥，味微咸。

【性味与归经】咸，温。归肝、肾经。

【功能与主治】温肾阳，强筋骨，行血消肿。用于阳痿遗精，腰膝冷痛，阴疽疮疡，乳痈初起，瘀血肿痛。

【附注】同科动物类似品种较多。如水鹿角、豚鹿角、麋鹿角等，呈分侧支状，粗细与真品相仿，制成片或制鹿角后，砸碎或捣碎。要想鉴别为何种角有一定难度。

附

（1）梅花鹿茸：初生雄鹿当年不生茸，第二年开始生角。呈圆柱形或圆锥形，不分支，习称“打鼓锤”。长15～30cm，直径为2～3cm。成年梅花鹿每年可采收1～2次，多数在清明节后45～50天锯头茬茸，二茬茸在立秋前后割锯。梅花鹿茸一般为“二杠”，“三岔”已有骨质，少见。二杠主支称“大挺”，长17～20cm，直径较大（3～4cm），离锯口1～3cm分出侧支，习称“门桩”，长9～15cm，直径较挺略细。外皮红棕色或棕色，有光泽，密被红黄色或棕黄色细茸毛。分岔间具有一条灰黑色筋脉，锯口黄白色，皮茸紧贴，略有蜂窝状细孔，外周不显骨质化。切制后的薄片，商品分为“血片”“蛋黄片”和“骨片”。

马鹿茸较梅花鹿茸粗大，分支多，有1个侧支者称“单门”，2个侧支者称“莲花”，3个侧支者称“三岔”，4个侧支者称“四岔”。外皮红棕色或棕褐色。长20～30cm，锯口露骨质，下部具纵棱。切片红棕色，分为“血片”“蛋黄片”“骨片”。用于肾虚阳痿滑精、宫冷不孕、羸瘦、神疲、畏寒等。

鹿茸切片分档为腊片、血片、蛋黄片、木通片、骨片，以腊片、血片最优。

（2）鹿鞭：为梅花鹿和马鹿的干燥阴茎和睾丸。呈长条形，略扁。梅花鹿生殖器略扁，长35cm左右，直径约为2cm。马鹿鞭较长，为45～60cm，直径为3cm。表面棕色或棕褐色，有纵向皱沟，顶端带有黄白色或棕黄色的毛。中部有睾丸2枚，呈椭圆形，略扁。质坚韧。气腥，味咸。归肾、膀胱经。用于劳烦、腰膝酸痛、肾虚耳鸣、阳痿、宫寒不孕。

（3）鹿筋：为梅花鹿和马鹿的四肢干燥韧带。呈细长条形，金黄色或棕黄色，有光泽，半透明，质坚韧，下部带有梅花鹿或马鹿的一圈茸毛和蹄甲或蹄骨（便于鉴别）。气微腥，味淡，微湿。用于四肢无力、腰膝酸痛、肾虚耳鸣、阳痿、宫寒不孕。

（4）鹿角霜：为熬制鹿角胶后的鹿角残渣。呈块状砸碎物。大小不一，表面灰白色，显粉性。气微，味淡，嚼之黏牙。用于肾阳虚、食少吐泻、白带、遗尿、尿频、崩漏下血、痈疽痰核。

（十）羚羊角

【别名】羚羊片。

【来源】本品为脊索动物门牛科动物赛加羚羊（*Saiga tatarica* Linnaeus）等雄兽的双角。

【产地】主产于蒙古、澳大利亚，以及我国新疆伊犁、温泉及甘肃祁连山等地，国内产量少，主要为进口。

【本草溯源】始载于《神农本草经》，列为中品。《雷公炮炙论》云："凡所用，亦有神羊角，其神羊角长有二十四节，内有天生木胎。"陈藏器曰："山羊、山驴、羚羊三种神似，而羚羊有神，夜宿防患，以角挂树不着地。"《本草汇言》云："羚羊角白亮如玉，长七八寸。"《本草从新》云："羚羊角明亮而尖，不黑者良。"《增订伪药条辨》云："羚羊角亦有黑白两种……近年以白者为重，故市上只有白羚，黑者多无觅。"从上述情况来看，历史上羚羊角的使用比较混乱，近代均收载规定"赛加羚羊角"为正品。

【采收加工】全年均可捕猎，以秋季猎取者角光泽度最佳。冬季猎取者因受风霜侵袭，角质变粗糙，品质较逊。猎取后将双角从基部锯下，阴干。

【性状鉴别】羚羊角呈长圆锥形，略呈弓背状弯曲，长15～33cm，基部直径约为3cm。表面呈淡黄白色，半透明状。基部稍呈青灰色。嫩支上部有"血丝斑"透照可见，角尖部嫩支有黑色发亮斑块，光滑如玉，无裂纹。

老支则有细纵皱。中下部有10～16个波浪或隆起的环脊，每格距约2cm，手握之四指正好嵌入凹处，习称“手握合把”。角基部横截面呈圆形，直径为3～4cm，内有坚硬质的角柱，习称“骨塞”。骨塞长度占全角的1/2～1/3，角塞基上尖表面突起纵棱，与其外角鞘内凹沟（习称“血槽”）紧密嵌合，颇为坚固。除去骨塞后，角的基部呈筒形，中空。全角呈半透明，对光照视，上半段中央有一条隐约可见的细孔直通角尖，但不出口角，习称“通天眼”。羚羊角片镑刨片为长短、阔狭不一的极薄片，多卷曲。全体乳白色，半透明。表面具镑刨的皱缩纹，有的显光泽，一侧具波状的环节痕。中心多具小孔，逐渐扩大至环状，内缘具一条棕褐色线（角与塞之间）。质柔韧，气微，味淡。

商品规格：①大支羚羊角，长20～33cm，基部直径为3～3.5cm。角肉黄白色，丰满，常有15～20环，每支重150～250g。②小支羚羊角，长10～17cm，角肉青白色（俗称“青条”），质嫩，环10余个，每支重50～60g。行销江西、福建等省。③大头鬼，又称“紫羚羊角”，长10～12cm，角内底部灰黄，上部紫褐色，环不够明显，底部大，呈喇叭状，支条小，每支仅重30g左右。④老劈柴，又名“倒山货”，羚羊死于山中的角，有大支、小支。角呈死灰或黄褐色，纵面有裂纹，角质枯燥无光泽，一般骨塞已脱落。

【性味与归经】咸，寒。归肝、心经。

【功能与主治】平肝息风，清肝明目，散血解毒。用于高热惊痫，神昏惊厥，子痫抽搐，癫痫发狂，头痛眩晕，目赤翳障，温毒发斑，痈肿疮毒。

【经验鉴别】一是通天眼，二是环纹节，三是骨塞连接骨质处，四是色泽光润如玉，五是无影纹乌云盖顶。

【附注】

（1）鹅喉羚羊角（长尾黄羊角），为同科动物的角，非正品。角呈圆锥形，稍侧扁而弯曲较大，角尖显著向内弯转。长20～30cm，基部直径为3cm。表面黑色，粗糙，有明显的纵向纹理，中下部有斜向环嵴，尖端无嵴部分平滑。基部稍扁，具骨塞。质硬，微臭，角味淡。

（2）黄羊角（蒙古瞪羚角），为同科动物的角，非正品。角呈圆锥形而侧扁，略有向后弯曲，角尖稍向上弯，长约20cm，基部直径为3cm。表面黑，粗糙，有明显的纵向纹理。中下部有斜向环嵴，尖端无环嵴部分平滑。基部稍扁。具骨塞。质重，微臭，味淡。

其他尚有同科山羊角、藏羚羊角、西藏小羚角、绵羊角等。性状与羚羊角不同，采购时应注意鉴别。

（十一）牛黄

【别名】西黄。

【来源】本品为牛科动物黄牛（*Bos taurus domesticus* Gmelin）的干燥胆结石或胆管结石。前者称“胆黄”，后者称“管黄”。同等入药，以胆黄质量优。

【产地】国产牛黄主产于华北、西北、东北等地区。进口牛黄主产于印度、加拿大、阿根廷、乌拉圭、智利、玻利维亚、美国等。

【本草溯源】始载于《神农本草经》，列为上品。具有清心开窍、豁痰定惊、清热解毒之效，为内服及配制丸散之要药。《名医别录》载：“牛黄生晋地平泽，生于牛，得之，阴干百日，使时燥，无令见日月光。”《本草通玄》云：“牛黄，体轻，气香，置舌上，先苦后甘，清凉透心者为真。”古代对牛黄识别真假的方法，今天仍然有一定的参考价值。

【采收加工】宰杀病牛时注意胆囊或肝管有无硬块，如果发现硬块，应立即取出，去净附着的薄膜等物，将牛黄用灯心草或棉花包裹好，放入煅过的牡蛎或石灰缸内。半干时用线扎紧扎好，防止破裂，待吸干水分晾干即得。干燥时忌用火烧及日晒，以防崩裂和变成黑色，影响质量或失去药效。

【性状鉴别】牛黄完整者多数呈卵形、类球形、三角形或四方形，大小不一，大者如小鸡蛋，小者如大豆，少数呈管状或碎片状。表面黄红色至棕黄色，有的表面有一层黑色光亮的薄膜，习称“乌金衣”，有的粗糙，有疣状突起，有的具龟裂纹。体轻，质酥脆，易分层剥离。断面金黄色至棕黄色，可见细密的同心层纹，有的夹有白色斑点。气清香，味苦后甘，有清凉感，嚼之易碎，不黏牙。

印度、加拿大所产牛黄与国产京牛黄相似，兼有“乌金衣”，可与京牛黄相媲美。金山牛黄形状和国产牛黄相似，但色泽不如京牛黄鲜艳。其他亦同。

【性味与归经】甘，凉。归心、肝经。

【功能与主治】清心，豁痰，开窍，凉肝，息风，解毒。用于热病神昏，中风痰迷，惊痫抽搐，癫痫发狂，咽喉肿痛，口舌生疮，痈肿疔疮。

【附注】非正品为用大黄、胆汁、蛋黄、树胶制成，在杭州地区没有出现过，但在杂志上曾经报道过。

附　人工牛黄

20世纪50年代，天然牛黄货源奇缺，供不应求，我国科学家从牛、羊、猪等动物胆汁中提取胆红素、胆酸等主要成分，研究制成人工合成牛黄，用于制剂。

据报道，1984年冬，广东海南县和顺区农民宰牛，发现胆中有一块重438g的硬物，经广州市药检所检验是牛黄。1986年年初，湖南新化县孟公乡有一个体屠宰户杀一头从贵州购回的病残公牛，从牛体内取出一块重800g的天然牛黄。该牛黄呈不规则球形，长20cm，宽10cm，高7cm。表面淡黄褐色，破折面有环状层纹，气香。这两块牛黄大而重，在国内实属罕见，具有科研价值。

（十二）海龙

【别名】海鳅。

【来源】本品为脊索动物门海龙科动物刁海龙［*Solenognathus hardwickii*（Gray）］、拟海龙［*Syngnathoides biaculeatus*（Bloch）］或尖海龙（*Syngnathus acus* Linnaeus）的干燥体。

【产地】主产于广东、福建、台湾海域，马来西亚、菲律宾、印度尼西亚、澳大利亚有产。喜活动于海中藻类繁茂处。

【本草溯源】始载于《百草镜》，云："海龙之属有三：小者长不及寸，名海嘴，不入药；中等者长一二寸，名海马，尾盘旋作圈形，扁如马，其性温味甘，暖水脏，壮阳道，消瘕块，治疔肿、产难、血气痛；海龙乃海马中绝大者，长四五寸至尺许不等，皆长身而尾直，不作圈，入药功尤倍。"《赤嵌集》载："海龙，产澎湖澳，冬日双跃海滩，渔人获之，号为珍物。首尾似龙，无牙爪，大者尺余，入药。泽史：此物有雌雄，雌者黄，雄者青。"历史上讲得非常清楚，药品分海龙、海马、海嘴三者，与今使用情况相符。

【采收加工】全年均产，以4～9月产量较大。捕获后，除去外面皮膜及内脏后干燥，也有捕获后洗净晒干。

【性状鉴别】

（1）刁海龙（海龙）：体狭长侧扁，中部略粗壮。全长30～50cm，中部直径为2～2.5cm。头部前方两眼圆而深陷，头与体轴略成钝角。躯干为五棱形，尾部前方为六棱形，后方渐细，为四棱形，尾端卷曲，有56～57个骨环。背棱两侧各有一列灰黑色斑点状色带。全体被以具有花纹的骨环及细横纹，各骨环内有突起粒状棘。胸鳍短宽，背鳍较长，有的不明显，无尾鳍。骨质坚硬。气微腥，味微咸。

（2）拟海龙（海钻）：体呈长柱形，中间明显粗壮。长20～22cm，中部直径为2cm。吻长管状，直伸向前方，眼大而圆。表面灰棕色，全体有由细条纹组成的图案状花纹。躯干部有7条纵棱，其中腹侧3条隆起不明显，有16～17个骨环。尾部前段有6条纵棱，后段有4条纵棱，有51～53个骨环，无尾鳍。骨质坚硬。气腥，味微咸。

（3）尖海龙（又称小海龙）：呈细长棱柱形，中部略粗。全长10～30cm，中部直径为0.4～0.5cm。吻长管状，伸向前方。眼大而圆。背部呈灰褐色，腹部灰黄色，全体每一骨环上有细的扇形图案状花纹。躯干部7条纵棱，其中腹下棱不甚明显，有骨环19个，尾部前段具有6条纵棱，后段具有4条纵棱，有36～41个骨环，有尾鳍。骨质坚硬。气微腥，味微咸。

【性味与归经】甘，温。归肝、肾经。

【功能与主治】温肾壮阳，散结消肿。用于阳痿遗精，癥瘕积聚，瘰疬痰核，跌仆损伤；外用于痈肿疔疮。

附　海马

海马为海龙科动物线纹海马、刺海马、大海马、三斑海马或小海马的干燥体。5种海马有两个共同之处：一则外形俗称“马头、蛇尾、瓦楞身”；二则雄性海马腹部有一个特别的育儿囊，雌性海马将受精卵排在雄性海马的育儿囊中。用于阳痿，遗尿，肾虚作喘，癥瘕积聚，跌打损伤；外用痈肿疔疮。

海马形状特异，至今尚未发现伪品，但因为是贵重中药材，不法商人常在海马腹中注入增重粉和泥沙，验收时应注意。

海龙、海马为温肾壮阳药或作保健品使用。处方很少使用。同科动物类似品极多，如粗吻海龙，头小、灰棕色，全体每一骨环生有细的扇形图案状花纹。身细长如尖海龙，该品在广东称为“海蛇”。其他如蓝海龙、刺冠海龙、舒氏海龙、多棘刁海龙等，均与正品海龙有所不同，采购时应注意鉴别。历史药用海龙为一种子海龙，《中国药典》（2010年版）和《浙江省中药炮制规范》（2005年版）规定可用前3种。

（十三）熊胆

【别名】熊脂。

【来源】本品为熊科动物棕熊（*Ursus arctos* Linnaeus）或黑熊（*Selenarctos thibetanus* G. Cuvier）的干燥胆囊。

【产地】主产于云南、四川、青海、东北三省；国外主产于欧洲、南北美洲等。栖息于阔叶林、针叶林或混交林中。野生或家养。

【本草溯源】始载于唐代《新修本草》，附于“熊胆”项下。本品具有清热、镇咳、明目、杀虫功能。宋代《图经本草》载：“熊脂并胆出雍州山谷。今雍洛河东及怀卫山中皆有之。”《本草蒙筌》载：“胆味极苦，悬风际阴干。块凝明亮如胶。”李时珍曰：“按钱乙云，熊胆佳者通明。每以米粒点水中，运转如飞者良。”《本草求真》载：“通明者佳。性善辟尘，扑尘投水上，投胆少许，则尘豁然而开，又取少许，研滴水中，挂如线。直至水底不散者真。”说明熊胆自古以来有真伪品，与现今药用情况相符。

【采收加工】将被杀死的黑熊或棕熊剖腹，取其胆囊，抓紧胆囊口，剥去附着于胆皮的油脂。用沸水烫2～3分钟，反复2～3次，将皮烫至有40%的熟度，然后吊在通风处阴干；亦可扎紧胆囊口，用木夹板将取净油脂的新鲜胆囊压扁，悬于通风处阴干。前者称“吊胆”，后者称“压胆”。忌晒干或烘干。

【性状鉴别】本品呈囊状长扁卵形，上部狭细，下部膨大，长10～20cm，宽5～8cm。表面黑色或棕色，有光泽，有皱褶，囊皮薄。上半部对光呈半透明，质坚硬，剖开后，断面有光泽，囊内胆仁呈块状、颗粒状或稠膏状，黄白色者称“金珀胆”，黄绿色者称“菜花胆”，墨绿色者称“墨胆或油胆”，以个大皮薄、仁实者为好。

【性味与归经】苦，寒。归肝、胆、心经。

【功能与主治】清热解毒，止痉，明目。用于肝热炽盛、热极生风所致之惊风，癫痫，抽搐，目赤肿痛，翳膜，黄疸型肝炎，跌打内伤。外用治疮痈、肿痈。

【经验鉴别】主要有以下三种鉴别方法。

（1）口尝：熊胆味苦，回味后甜，清凉黏舌，苦味能很快扩散至咽喉。

（2）水试：取一小粒投入小杯水中，迅速旋转使之逐渐溶解，有一条黄线下垂至杯底而不散。

（3）火试：取熊胆少许，用火烧之起泡而无腥气。牛、羊、猪胆火烧亦起泡，但有明显的胆腥气。

（十四）其他药材的鉴别

1. 龙胆

【别名】龙胆草。

【来源】本品为龙胆科植物龙胆（*Gentiana scabra* Bge.）、条叶龙胆（*Gentiana manshurica* Kitag.）、三花龙胆（*Gentiana triflora* Pall.）或坚龙胆（*Gentiana rigescens* Franch.）的干燥根及根茎。前三种称“龙胆”，后一种称“坚龙胆”，同等入药。

【产地】全国大部分省区均有野生。龙胆和条叶龙胆主要分布于华东诸省，如浙江建德、淳安一带，习称“严龙胆”，均产于小山荒野林处。内蒙古自治区、东北地区诸省区，以及四川、广东、广西壮族自治区、贵州等省区均出产，以内蒙古产量最多。

【本草溯源】始载于《神农本草经》，列为上品，云：“一名陵游，生山谷。”《本草经集注》云：“今出近道，以吴兴（浙江）者为胜，根状似牛膝，味甚苦，故以胆为名。”《本草图经》曰：“宿根黄白色，下抽根十余条，类牛膝。直上生苗，高尺余。四月生叶，似柳叶而细，茎如小竹枝。七月开花，如牵牛花，作铃铎形青碧色。”按照以上所述，与浙江历来用龙胆之品相符，浙江省坚龙胆只是近数十年开始使用。

【采收加工】龙胆和条叶龙胆及坚龙胆原来各地均有野生采挖使用，中华人民共和国成立后用药量猛增，上山采药劳动力匮乏，造成货源紧张，故在东北地区等地引种。目前引种成功，并推广使用，由野生转变栽培品，春、秋两季均可采挖，以秋季采收质量最佳。采挖时要尽量挖深一点，挖取全根，勿断。去掉地上茎基，洗净泥土，晒至半干，将根条顺直捆成小把，再晒至全干即可。

【性状鉴别】

（1）严龙胆：生于小荒山野林荫处，枝长13～20cm，有斜行扁圆荚，下有须根10余条，以黄白色、体软、味极苦者为上品，可惜现在无货。

（2）条叶龙胆、三花龙胆及龙胆：商品规格标准称山龙胆，呈不规则块状，顶端有突起的茎基，下端生着多条细根。表面为淡黄色或黄棕色，细长根上部有细横纹。质脆，易折断。断面淡黄色，显筋脉花点，味极苦。

（3）坚龙胆：呈不规则的结节状。顶端有木质茎，下端生有若干条根，粗细不一。表面红棕色，多纵皱纹。质坚脆，角质样。断面中央有木心，味极苦。

【性味与归经】苦，寒。归肝、胆经。

【功能与主治】清热燥湿，泻肝胆火。用于湿热黄疸，阴肿阴痒，带下，强中，湿疹瘙痒，目赤，耳聋，胁痛，口苦，惊风抽搐。

【经验鉴别】以身干、色深黄、肥壮柔软、味苦为佳。山龙胆切面皮部黄白色至淡黄棕色，木部色较浅，维管束点状排列。根茎类圆形或不规则形，直径为0.3～1cm，可见茎痕或根痕。表面暗灰棕色或深棕色。气微，味极苦。坚龙胆切面皮部黄棕色，木部黄白色，易与皮部分离，维管束集生于中心部分，根茎具片状易剥落的外皮。商品饮片切段灰黄色或灰棕色。气微，味极苦。

【附注】

在中华人民共和国成立前后，杭州地区均用浙江省产品严龙胆，将原药用水淘去泥屑，捞起，略晒稍干，抹去杂质，切成半分厚片晒干。患肝胆实火者、目赤、口苦生疮者，单味买药者，自己用开水吞服，每日盈门不绝。现在品种及片形改变，无法吞服，实在可惜。

不同地区习惯用药不同，如四川一些地区将龙胆全草入药，在当地称为“龙胆草”。同时还将同属多种植物的根茎当龙胆使用，如头花龙胆、红花龙胆等。

2. 巴戟天

【别名】巴戟肉。

【来源】本品为茜草科植物巴戟天（*Morinda officinalis* How）的干燥根。

【产地】主产于广东高要、德庆，广西百色、苍梧及福建等地。原野生于山谷、溪边或山地疏林下疏松而肥沃的壤土或黏壤土。野生品全年可采挖，现均为栽培品，若追肥管理好，2～3年即可采收。

【本草溯源】《神农本草经》列为上品，云：“味辛微温，主大风邪气，阳痿不起，强筋骨，安五脏，补中，增志益气，生山谷。”《名医别录》曰：“巴戟天生巴郡及下邳山谷，二八月采根，阴干。”陶弘景曰：“今亦用建平、宜都者，根状如牡丹而细，外赤白黑，用之打去心。”《大明本草》曰：“根如连珠，宿根青色，嫩根白紫，用亦同，以连珠多肉厚者为胜。”宋代寇宗奭曰：“中虽紫，微有白粉色而理小暗者真也，蜀产佳。”《增订伪药条辨》曰：“紫色者佳。”综上所述，历史上本品真伪混淆不清，如连珠，击破中紫而鲜洁者，伪也；中虽紫，微有白掺粉色，而理小暗者真也，广东出者肉厚骨细，色紫心白真伪难辨，现在已用植物来源以澄清其混乱，明确用药来源，其功甚伟。

【采收加工】挖取根，洗净泥土，除去须根，晒至六七成干，轻轻捶扁，去除木心，干燥，或在未干燥时除去木心，切段干燥。

【性状鉴别】本品根呈扁圆柱形而稍弯曲，有纵皱纹及深陷横纹，外皮溢缩或横向断裂处常露出木部，有形成连珠状或节状。肉质坚韧，木心细有棱而韧，难折断，断面肉厚，为紫色或蓝紫色，长短不一，加工品为扁圆形或不规则形小段，直径为0.5～2cm。表面灰黄色或暗灰色，有纵纹；切面中空，为紫色或淡黄色。肉厚，质硬而脆。气微，味甘，微涩。

【性味与归经】甘、辛、微温。归肾、肝经。

【功能与主治】补肾阳，强筋骨，祛风湿。用于阳痿遗精，宫冷不孕，月经不调，少腹冷痛，风湿痹痛，筋骨痿软。

【经验鉴别】以前巴戟天各地使用较乱，同科不同属伪品有：湘巴戟、假巴戟、虎刺、恩施巴戟、鸡筋参，均属茜草科植物，还有木兰科植物铁箍散等。《中国药典》（2010年版）和《浙江省中药炮制规范》（2005年版）对正品巴戟天澄清其混乱，明确来源，使用药安全有效。只要掌握巴戟天的4个特征进行鉴别，就可分别真伪：一是根呈扁圆柱形而稍弯凸；二是具纵皱纹及深陷横纹，外皮溢缩断裂处常露出木部；三是质坚韧，木心细而韧，难折断；四是断面肉厚，为紫色或蓝紫色，味甘微涩。

3. 玉竹

【别名】萎蕤、女萎。

【来源】本品为百合科植物玉竹[*Polygonatum odoratum*（Mill.）Druce]的干燥根茎。

【产地】我国野生玉竹分布较广，全国大部地区均有出产，主产于湖南、浙江、江苏、广东、河南，以湖南、河南产量大。浙江东阳、磐安亦有栽培玉竹。野生玉竹多数生于山坡林下，阴暗潮湿土壤中，或山脚丘陵地带杂木林间；栽培品喜生在林荫下、排水良好的沙质土壤。

【本草溯源】始载于《神农本草经》，列为上品，云：“女萎，味甘平，主中风暴热，不能动摇，跌筋结肉，诸不足，久服，去面黑皯，好颜色，润泽，轻身不老。生山谷。”《名医别录》云：“萎蕤生太山山谷及丘陵，立春后采，阴干。”陶弘景曰：“今处处有之，根似黄精，小异。服食家亦用之。”又曰：“《本经》有女萎无萎蕤，《别录》无萎蕤有女萎，而为用正同，疑女萎即萎蕤，惟名异尔。”李时珍曰：“处处山中有之，其根横生似黄精，差小，黄白色性柔多须，最难燥，其叶如竹，两两相值，亦可采根种之，极易繁也。”《本草求真》云：“萎蕤一名玉竹。肥白者良，似黄精而差小，黄白多须。竹刀刮去皮节，发散用生，补剂用蜜水拌，饭上蒸熟用。”

【采收加工】野生玉竹的根茎，剪成3.5～7cm长的段，在畦上每距离18～26cm处打一个穴，穴深约10cm，每个穴放一段，覆细土盖好，经常浇水除草，第二年秋季即可采挖。除去须根，洗净，晒至柔软，反复揉搓，再晾晒至硬心，干燥，或者蒸后揉至半透明，晒至干燥。

【性状鉴别】本品呈长圆柱形，略扁，少有分枝，长4～18cm，直径为0.3～1.6cm。表面黄白色或淡棕色，半透明，具纵皱纹及微隆起环节，有白色圆点状须根痕和圆盘状茎痕。质硬而脆或稍软，易折断，断面角质样或显颗粒性。野生品多数粗细大小不一。

玉竹的鉴别要点为：一是根茎圆柱形或略扁；二是浅黄色具环节，有圆形茎痕及细根痕；三是质坚脆，断面角质、味甜有黏性；四是家种品肥壮，野生品细嫩。

饮片性状为扁柱形厚片，表面黄白色或黄棕色，半透明，有细纵皱纹及微隆起环节，有的可见圆点状根痕及圆盘状茎痕。切面角质样或显颗粒性，质硬而脆或稍软。气微，味微甘。

制玉竹：内外呈湿润黑色，质地柔软。气香，味微甜。

【性味与归经】甘，微寒。归肺、胃经。

【功能与主治】养阴润燥，生津止渴。用于肺胃阴伤，燥热咳嗽，咽干口渴，内热消渴。

【经验鉴别】以条长、肥壮、玉白色明亮、体软、味甜者佳。支条萎缩、皮干僵者次之。

【附注】非正品：同属植物毛筒玉竹，分布于东北各省；康定玉竹，分布四川、云南；小玉竹分布东北及山西等省；大玉竹分布贵州、广东、江南各省。多数自产自销。

4. 苏木

【别名】苏枋木。

【来源】本品为豆科植物苏木（*Caesalpinia sap pan* L.）的干燥心材。

【产地】野生于肥沃的山麓或山谷丛林中。主产于印度、马来西亚。我国早已栽培成功，主产于广西、云南、海南、贵州等省区。

【本草溯源】为不常用中药，始载于唐代《新修本草》。原名苏枋木，具有行血祛瘀、通经止痛的功能。《本草蒙筌》载："苏枋木，味甘，咸，气平。多生海外，堪用染红。入药惟取中心。"《本草从新》载："苏木，出苏枋国，故名苏枋木，交趾亦有。"目前以国产为主。

【采收加工】全年可采伐。砍取种植5年以上的树干或粗大枝干，削去外皮及白色边材，选取红色心材，截为长段，晒干。

【性状鉴别】本品呈圆柱形，常弯曲，近树头部为疙瘩节状，似靴形。长10～100cm，直径为3～12cm，树头部则膨大。加工成不规则细条或粗末，黄棕色或红黄色。细条质地致密，坚硬，断面不平坦，作刺状伸展。气微，味淡，微涩。

【性味与归经】甘、咸，平。归心、肝、脾经。

【功能与主治】行血祛瘀，消肿止痛。用于经闭痛经，产后瘀阻，胸腹刺痛，外伤肿痛。

【经验鉴别】①取苏木投入温水中，呈鲜艳的桃红色透明溶液；②加酸（或白醋）溶液则变为黄色；③加碱或石灰溶液即变为紫红色。

【附注】山苏木为非正品。其为檀香科植物的根及茎。主产于云南，云南个别地区作苏木用。20世纪80年代，货源紧缺时流入杭州地区，后发现并纠正。其性状为碎丝状，棕黄色至红色，略见同心环年轮，质地致密，味微涩。

5. 檀香

【别名】白檀香。

【来源】本品为檀香科植物檀香（*Santalum album* L.）树干的干燥心材。

【产地】原产于亚洲热带地区，主产于印度、澳大利亚、斯里兰卡等国。我国南部、西南部及台湾地区均有栽培。在栽培环境中需种植长麦花、夹竹桃等植物作为檀香的寄主。产于印度者称"老山檀香"；产于澳大利亚、斯里兰卡者称"新山檀香"或"雪梨檀"。

【本草溯源】始载于《名医别录》，列为下品，具有温中理气、和胃止痛的功效。《本草蒙筌》云："檀香，产南海昆仑，及江淮河朔。"李时珍曰："按《大明一统志》云：檀香出广东、云南及占城、真腊、爪哇、渤泥、暹罗三佛齐等国，今岭南诸地亦皆有之。”

【采收加工】全年可采。将种植多年已成材的树干砍下，除去树皮及边材白木，选取心材，截成长段，阴干或晒干。

【性状鉴别】本品为长短不一的圆柱形木段，经加工为不规则的薄片，大小不一，多数卷曲，或为丝状物，也有制作檀香工艺品刨截出来的碎料。全体蜜黄色或淡黄棕色。片质轻松，气清香，点燃后香气浓烈，嚼之有辛辣味。味微辛。

【性味与归经】辛，温。归脾、胃、心、肺经。

【功能与主治】行气温中，开胃止痛。用于寒凝气滞，胸痛，胃痛食少，冠心病，心绞痛。

【经验鉴别】正品白檀香的鉴别要点：①表面淡黄色，质重，光洁细腻；②横截面显油迹；③气清香，烧之香气浓郁。

【附注】常用柏香系柏木树干粉碎成丝状物伪充。其形状类似檀香，外表黄色或棕黄色，木质纹理粗而不致密，喷涂有檀香油，闻之有檀香清香气，颇能乱真，用水泡香气即消失。

6. 肉桂

【别名】安南桂、企边桂、贡桂、瑶桂。

【来源】本品为樟科植物肉桂（*Cinnamomum cassia* Presl）的干燥树皮。

【产地】进口肉桂多数来自越南、斯里兰卡等地。以越南“跤趾桂”质量最好。目前国产肉桂质量均有提高，故很少进口，主产于广西、广东等地。

【本草溯源】始载于《神农本草经》，列为上品，原名菌桂。《本草蒙筌》云：“桂……种类多般，地产各处。菌桂正圆无骨，生交趾桂林。牡桂广薄皮，产南海山谷。官桂品极高而堪充进贡，却出观宾；木桂皮极厚而肉理粗虚，乃发从岭。筒桂因皮嫩如筒卷束，板桂谓皮老若板摊平。柳桂系至软枝梢，肉桂指至厚脂肉。桂枝枝梗小条，非身干粗厚之处，桂心近木黄肉，但去外甲错粗皮，品分既明，欺罔难入。”《本草求真》载：“肉桂出岭南，色紫肉厚，体松皮嫩，辛甘者佳。”以上所述，药材可分玉桂、官桂、桂枝；木桂皮指桂皮。

【采收加工】选择生长15～20年以上的肉桂树，离地1米，剥取树皮。每年分2期采收，第一期为4～5月，第二期为8～9月，秋季采收者气香浓，质最佳。采后截成长约40cm、宽约10cm的块片，置阴凉处堆闷发汗。然后抹拭干净或洗净，逐块置于特制木夹内，压制成两侧向内卷曲的浅槽状，置于通风处阴干。

【性状鉴别】

（1）企边桂（高山桂）：长30～45cm，宽10～13cm，厚0.3～0.5cm。外表皮灰棕色或棕褐色，内表面黄棕色或棕色，光洁，用指甲划之可见深棕色油纹。质硬而脆，易折断，断面不平坦，外层显棕色，内层油润，两层间有一条黄棕色的浅纹（油层）。气香浓烈，味甜，微辣。

（2）油桂（玉桂）：栓皮较细，含油较多，但不能加工成企边桂的干皮，长、宽、厚等均比不上企边桂。外层内层均与企边桂略同。

（3）大板桂（低山货）：栽培品呈片状，长25～40cm，宽7～10cm，厚0.4～0.6cm。外皮粗糙，中部向内微弓呈弧形。少油多油渣，香甜，味辛淡，较次。

【性状与归经】辛、甘、大热。归肾、脾、心、肝经。

【功能与主治】补火助阳，引火归源，散寒止痛，活血通经。用于阳痿，宫冷，腰膝冷痛，肾虚作喘，阳虚眩晕，目赤咽痛，心腹冷痛，虚寒吐泻，寒疝，奔豚，经闭，痛经。

【经验鉴别】国产肉桂与进口肉桂鉴别要点：一是进口肉桂外表较细腻致密；二是体重板片厚；三是含油量较高；四是气香味甜而微辛。总之，肉桂以体重肉厚、内表面棕红色、纹细腻、含油多、香味浓郁、嚼之甜多辛少且渣少为优质品。

附

（1）官桂：来源同肉桂，系不到10年的幼枝或肉桂粗枝干燥树皮，均呈卷圆筒状或半筒状，厚0.2～0.3cm。外表面较光滑，或有黄棕色与青灰色的斑纹；内表面光滑，黄棕色或棕褐色。质坚而脆，断面黄棕色，呈颗粒状，气香，味甜辛。具有补中补阳，祛寒止痛之效。用于脾肾虚寒，腰膝痹痛，肾虚泄泻，经闭。

（2）桂枝：系肉桂嫩枝。切成厚片，直径为1cm。表面棕色至红棕色，有纵棱。切面皮部棕色；木部黄白色至黄棕色，髓部略呈方形。质硬而脆，有特异香气。味甜，微辛。具有发汗解肌，温通经脉，助阳化气，平冲降气之效。用于风寒感冒，脘腹冷痛，血寒经闭，关节痹痛，痰饮，水肿，心悸。

（3）桂丁香（肉桂子）：系肉桂干燥带宿萼的未成熟果实。呈倒圆锥形，长0.4～1.8cm，直径为0.4～0.7cm；宿萼杯状，长0.5～1.1cm，直径为0.4～0.7cm，边缘具不明显的齿裂。表面褐色，有皱纹，下部延长呈萼筒状，有的连有果柄，呈扁圆形。质松软，易碎。气香，味甘、辛。目前很少使用，大部分中药房不储备。具有温中散寒，止痛之效。用于胃腹冷痛，呕哕，肺寒咳嗽。

（4）桂皮（古代称木桂皮）：为樟科植物阴桂或细叶桂的树皮。主产于四川、广东、浙江等地。本品多数作香料或副食品、烧牛羊肉佐料用。

7. 黄柏

【别名】川黄柏。

【来源】本品为芸香科黄皮树（*Phellodendron chinense* Schneid.）的干燥树皮。

【产地】生于山上杂木林中及路旁。野生或栽培。主产于四川、贵州、湖北、陕西等地。广东北部地区亦产。

【本草溯源】始载于《神农本草经》，列为上品，云：“檗木，味苦寒，主五脏，肠胃结热，黄疸，肠痔，止泻痢，女子漏下赤白。”《蜀图经》云：“黄檗树高数丈，叶似吴茱萸，亦如紫椿，经冬不凋。皮外白，黑深黄色。”《增订伪药条辨》云：“黄柏四川顺庆府南充县出者为川柏。色老黄，内外皮黄黑，块片小佳。关东出者，为关柏，块片甚大而薄，色淡黄者次。”

【采收加工】一般选生长15年以上的树皮，4～5月采收，此时树皮水分充足，黏液足，剥下整块树皮。横向切段70cm，再直划刀，剥下树皮，除去粗栓皮，平摊压着晒，晚收时叠平上压，直至晒干。

【性状鉴别】本品呈板片状或浅槽状，长短宽不一，厚1～6mm。外表面棕色或黄褐色，较平坦，有不规则纵向浅裂纹，偶见残留灰褐色栓皮；嫩薄者栓皮常未刮去，横向皮孔明显，内表面暗黄色或淡棕色，具细密横纹。体轻，易折断，断面鲜黄色或深黄色，纤维状，呈裂片状分层。气微，味苦，嚼之有黏性。

【性味与归经】苦，寒。归肾、膀胱经。

【功能与主治】清热燥湿，泻火除蒸，解毒疗疮。用于湿热泻痢，黄疸，带下，热淋，脚气，痿躄，骨蒸劳热，盗汗，遗精，疮疡肿毒，湿疹瘙痒。

【经验鉴别】川黄柏与关黄柏形状相似，但川黄柏有4个特征：①外表皮黄棕色；②栓皮残存灰褐色；③呈裂片状分层；④内面具细密纵棱纹。川黄柏栓皮有弹性，内表面黄棕色体轻。

【附注】

（1）非正品为同科植物秃叶黄柏的树皮，主产于湖南地区。树皮晒干易变白，不呈裂片状分层，纤维较粗。验收时应注意鉴别。

（2）《中国药典》（2005年版）将黄柏分为黄柏、关黄柏两种，但性味与归经、功能与主治相同。杭州地区历史习用川黄柏。

附　关黄柏

其主产于东北三省，内蒙古、河北也有分布。呈微卷曲状，厚0.2～0.4cm。外表面淡黄棕色或黄绿色，有不规则纵沟纹，残留灰黄色和稍具弹性的栓皮。内表面黄色或黄绿色。气微，味极苦，嚼之有黏性。其功能、主治同川黄柏，但质量差一点。

8. 辛夷

【别名】望春花。

【来源】本品为木兰科植物望春花（*Magnolia biondii* Pamp.）、玉兰（*Magnolia denudata* Desr.）或武当玉兰（*Magnolia sprengeri* Pamp.）的干燥花蕾。

【产地】主产于河南、安徽、浙江、湖北、湖南、四川、陕西等地。各地均有栽培，多数为庭院栽培。

【本草溯源】始载于《神农本草经》，列为上品，云："辛夷，味辛温。"韩宝昇曰："其树大连合抱，高数仞。叶似柿叶而狭长。正二月开花，似有毛小桃，色白而带紫，花落无子。"寇宗奭曰："辛夷处处有之，人家园亭亦多种植。先花后叶，即木笔花也。其花未开时，苞上有毛，尖长如笔，故取象而言。花有桃红、紫色二种。"李时珍曰："亦有白色者，人呼为玉兰。"

【采收加工】2～3月采收。剪下未开放的花蕾，白天置阳光下晒，晚上堆成垛发热，使里外干湿一致，晒至五成干时，堆1～2日，再晒至全干，如遇雨天，可烘干。

【性状鉴别】

（1）望春花：呈长卵形，似毛笔头，长1.2～2.5cm，直径为0.8～1.5cm。有的基部残留短梗，梗上有类白色点状皮孔。苞片2～3层，每层1

片，外表面密被灰白色或灰黄色茸毛，内表面棕褐色，无毛，腋内各有1小叶芽。花被片9片，棕褐色，异型，外轮花被片3片，条形，约为内两轮长1/4，呈萼片状，内两轮花被6片，每轮3片。雄蕊和雌蕊多数，螺旋状排列。体轻，质脆。气芳香，味辛凉而微苦。

（2）玉兰：花蕾与望春花相似。唯花蕾较大。长1.5～3cm，直径为1～1.5cm，基部梗较粗壮，皮孔浅棕色。苞片外表面密被灰白色或绿色绒毛。绒毛脱落处呈黑褐色，皱缩状，花被9片，内外轮同型。

（3）武当玉兰：花蕾较大，卵圆形，长2～4cm，直径为1～2cm，基部花蕾较前者大，有的外苞片绒毛易脱落，呈黑褐色。花被片有10～15片，内、外轮基本同型。

【性味与归经】辛，温。归肺、胃经。

【功能与主治】具有散风寒，通鼻窍之效。用于风寒头痛，鼻塞，鼻渊，鼻流浊涕。

【经验鉴别】使用较广的望春花、玉兰是辛夷的主流品种。其特征是：花蕾均似“毛笔头”。望春花较小，密被绒毛，有光泽，气芳香，味辛微苦。而玉兰花稍大，密被绒毛，脱落处黑褐色。武当玉兰属于大型花蕾，卵圆形，被暗绿色绒毛，脱落处黑褐色，花被片达10～15枚，内、外轮同型。

【附注】玉兰科同科植物繁多，目前已见10种，性状大同小异，有的常与望春花同用，现举一二例。

（1）类似品：椭叶玉兰，为木兰科植物，主产于河南，与望春花一同销用，产量占河南望春花的40%～45%。形状呈长卵形，长2.2～4.1cm，直径为1.5～2.5cm，基部木质短梗。

（2）类似品：黄山木兰，主产于安徽，当辛夷入药。

（3）类似品：淡紫玉兰、玉兰、大花玉兰、滇藏玉兰、天目木兰、凹玉兰、罗田玉兰等。

9. 玫瑰花

【别名】玫瑰。

【来源】本品为蔷薇科植物玫瑰（*Rosa rugosa* Thunb.）的干燥花蕾。

【产地】主产于浙江长兴、湖北、江苏等地，野生者来自甘肃、云南等地。

【本草溯源】始载于《本草纲目拾遗》，云：“玫瑰花有紫、白两种……茎有刺，叶如月季而锯齿，高者三四尺，其花色紫，入药用花瓣。”

《本草正义》云："玫瑰花，香气最浓，清而不浊，和而不猛，柔肝醒胃，流气活血，宣通窒滞而绝无辛温刚燥之弊，断推气分药之中，最有捷效而最为驯良者，芳香诸品，殆无其匹。"

【采收加工】春末夏初花将开放时分批采收，及时低温干燥。

【性状鉴别】本品略呈半球形或不规则团块状，直径为0.7～1.5cm，残留花梗被短柔毛。花托半球形，与花萼基部合生，萼片有5片，披针形，黄绿色或棕绿色，被细柔毛，花瓣宽卵形，覆瓦状排列，紫红色，有的黄棕色。雄蕊多数，黄褐色，着生于花托周围；花柱稍伸出花托口，密集呈头状，灰白色，被柔毛。体轻，质脆。气芳香浓郁，味微苦涩。

【性味与归经】甘、微苦，温。归肝、脾经。

【功能与主治】行气解郁，和血，止痛。用于肝胃气痛，食少呕恶，月经不调，跌仆伤痛。

【经验鉴别】玫瑰花与月季花同属蔷薇科植物，两者形状颜色相似，有时会出现混淆。但老药工对玫瑰花的鉴别特征曾经作过极为简明的概括："红花不香，香花不红，只有玫瑰花，又香又红。"月季花气香淡而清。月季花瘦长，花萼反卷向下，花色不鲜艳，香气弱；玫瑰花花托呈圆形，花萼紧抱花冠，花色鲜艳，香气浓。

附　月季花

其为蔷薇科植物月季的干燥花蕾，呈类球形，直径为1.5～2.5cm。花托长圆形；萼片长圆形，有5片，暗绿色，先端尾尖，花瓣呈覆瓦状排列，长圆形，紫红色或淡紫红色；雄蕊多数，黄色；花柱多数，远伸出花托口，分离。体轻，质脆，气清香，味淡，微苦。用于胸脘胀闷，恶心呕吐，食欲不振。玫瑰花与月季花的性状特征比较见表4-2。

表4-2　玫瑰花与月季花的性状特征比较表

项目＼类别	月季花	玫瑰花
香气	清香	浓香
花托形	长壶形	半球形
花柄	较长	较短
花萼	短于花蕾或等长	长于花冠或断缺
雄蕊	短于花柱	长于花柱
花瓣色	棕黄	紫红色
花开	半开花或花蕾极少	多为花蕾
残花梗	几乎无绒毛	被短绒毛

10. 厚朴花

【别名】川朴花。

【来源】本品为木兰科植物厚朴（*Magnolia officinalis* Rehd. et Wils.）或凹叶厚朴（*Magnolia officinalis* Rehd.et Wils. var. *biloba* Rehd.et Wils.）的干燥花蕾。

【产地】主产于四川、湖北、浙江、安徽。此外，江西、湖南、福建、广西、云南、贵州等地亦有产。其多数为栽培，也有野生。

【本草溯源】始载于《神农本草经》。苏颂曰："今洛阳、陕西、江淮、湖南、蜀川山谷中往往有之，而以梓州、龙州者为上。木高三四丈，径一二尺，春生叶槲叶，四季不凋。红花而青实，皮极鳞皱而厚。紫色多润者佳，薄而白者不堪。"《本草蒙筌》云："生梓州（属四川）出者独胜。秋尽采皮，择浓脂颜色紫莹者佳。"近代《饮片新参》云："厚朴花。微苦，温。宽中理气。治胸闷，化脾胃湿浊。"综上所述，厚朴皮与花芽同入药用。

【采收加工】5～6月，当花蕾未开放或微开放时采摘。稍蒸，晒干或低温烘干。

【性状鉴别】本品呈长圆锥形，顶尖底钝，长4～7cm，基部直径为1.5～2.5cm。表面红棕色至棕褐色，花被多数为12片，外层呈长方倒卵形，内层呈匙形。雄蕊多数呈螺旋状着生于花托下部，花药条形，淡黄棕色，向内开裂，花丝宽而短。花梗长0.5～2cm，黑绿色或棕黑色，被灰黄色绒毛或无毛。质脆，易碎。气香，味淡或辛辣。

【性味与归经】苦，微温。归脾、胃经。

【功能与主治】理气，化湿。用于胸脘痞闷胀满，纳谷不香。

【经验鉴别】厚朴花真伪鉴别主要有五点：①花蕾长圆锥形，顶尖底钝，表面棕褐色，有多数疣点；②花被肉质，层层抱拢外层长方倒卵形，内层为匙形；③雄蕊多数，花药条形，螺旋状列于花托之上；④质脆易破碎，气香，味微辛辣；花瓣热水泡后仍为棕褐色，不变色。

【附注】类似品有三种，均系同科植物。

（1）武当玉兰：形似厚朴花，表层花瓣疣点不明显，内层花瓣为卵形或宽匙形。花瓣热水泡后显棕红色（厚朴花不变色）。

（2）荷花玉兰：又称洋玉兰、广玉兰。表面淡紫色或紫褐色，肉质较厚，倒卵形，内层呈荷花瓣状，雄蕊多数，花丝宽而较长，花药棕黄色条形，花被多数（比正品多），密生长绒毛。花梗长0.5～2cm，节明显突出，质软，叶片易折破。气香，味淡。

（3）厚朴花的干燥芽苞，无厚朴花花托或雌蕊、雄蕊花托。气微，味淡。

【附注】厚朴替用品。同科植物鱼目混珠现象很多，据报道有辛夷树皮、紫玉兰、山玉兰、滇藏木兰、圆叶木兰、望青玉兰、应春花、野木兰、四川木莲、广西木莲、红花木莲、巴东木莲、南方木莲、虎克木莲、毛桃木莲、木莲等。非同科植物有落叶桢楠、华东楠、黄杞、钱氏杜等。只要在采购、加工、验收时掌握鉴别要点，就可将伪品拒之门外。替用品与混伪品在形状与气味上有明显区别：伪品多柴性、无油性和香气及辛辣味（表4-3）。

表4-3 厚朴花及其伪品深山含笑花的性状特征比较表

项目＼品种	有毛厚朴花	无毛厚朴花	深山含笑花
花梗	梗多连有残枝，较长，残枝较粗，外栓皮灰黄色，易剥落。近梗端可见数个密集细环纹，于梗的凹陷处见毛茸	多数断在枝梗连接处，无残枝，梗端无毛，无环纹	较细长，粗细均匀，多数有2个以上疏环节，光滑无毛
花蕾	长圆锥形；长4～7cm，基部直径为1.5～2cm；苞片少数残留，内表面灰色；花瓣有9～12片，多较薄而软，厚0.02～0.05cm，先端尖；雌蕊群无柄	圆锥形；长4～8cm，基部直径为1.5～3cm；苞片多数残留一层；花瓣有9～12片，多数较厚而质硬，厚0.03～0.1cm，先端钝或尖；雌蕊群无柄	细长，无“毛笔头”或长条状；长2.5～5cm，基部直径为0.5～1cm；苞片多数残留1层，两面棕色；花瓣有9片，多数薄而质硬脆，有的紧密结成团，先端急尖；雌蕊群有长柄

附 厚朴

厚朴为凹叶厚朴和厚朴的干皮、枝皮、根皮。5～6月采剥生长20年以上的树皮，加工分成双卷和单筒状，地下部分靴筒状，称蔸林、耳枝芽。内表面紫褐色或棕褐色，有纵直纹理，间有裂隙和花点，刻划后可见油痕。质坚硬，不易折断，断面颗粒性，外层灰棕色有油性，可见发亮的银星结晶及毛状纤维。气辛香，味辛辣微苦。嚼之渣少者为佳。燥湿消痰，下气除满。用于湿滞伤中，脘痞吐泻，食积气滞，腹胀便秘，痰饮喘咳。

11. 凌霄花

【别名】紫葳花。

【来源】本品为紫葳科植物凌霄[*Campsis grandiflora*（Thunb.）K.Schum.]或美洲凌霄[*Campsis radicans*（L.）Seem.]的干燥花。

【产地】主产于江苏、浙江、广东、广西、河南、江西、湖南等地。野生于山坡林下及沟边石壁上，亦有栽培，目前以栽培为主。

【本草溯源】始载于《神农本草经》，云："紫葳生川谷。"《名医别录》云："紫葳生西海川谷及山阳。"宋代苏颂曰："今处处皆有，多生山中，人家园圃或栽之。"李时珍曰："凌霄野生，蔓才数尺，得木而上，即高数丈，年久者藤大如怀。初春生枝，一枝数叶，尖长有齿，深青色，自夏至秋开花，一枝十余朵大如牵牛花，而头开五瓣，赭黄色，有细点，秋深更赤。"

【采收加工】7～9月采收花朵，晒干。

【性状鉴别】

（1）凌霄：多数皱缩卷曲，黄褐色至棕褐色，花长4～5cm。花萼钟状，长2～2.5cm，基部联合成管状，上部5裂，花冠漏斗状，有细脉纹，表面无毛，雄蕊有4个，着生在花冠上，两长两短，花药各自着生，柱头扁平。气微香，味微苦，酸。

（2）美洲凌霄（洋凌霄花）：花长6～7cm，硬革质，先端5齿裂，裂片短三角形，长约为花萼的1/3，萼筒外无明显的纵棱；花冠狭漏斗状，内表面有明显的深棕色脉纹。

【性味与归经】甘、酸，寒。归肝、心包经。

【功能与主治】活血通经，凉血祛风。用于经闭癥瘕，产后乳肿，风疹发红，皮肤瘙痒。

【经验鉴别】凌霄花带有萼筒，且气微香，味微酸苦。泡桐花侧萼筒多脱落，气微味淡，花瓣有斑点。美洲霄花比凌霄狭小，萼较凌霄长，质地较硬，没有突起的纵棱，全国少用。

【附注】非正品为玄参科植物毛泡桐的花朵。形状与正品凌霄花极其相似，少数地区作凌霄花使用。

12. 八角茴香

【别名】大茴香、大茴。

【来源】本品为木兰科植物八角茴香（*Illicium verum Hook.f.*）的干燥成熟果实。

【产地】主产于广东、广西。此外，福建、台湾、贵州、云南等地均有产。国外以越南产量较大。多数生于温暖、湿润的山谷中。野生、栽培均有。

【本草溯源】始载于《本草纲目》茴香项下。本品具有温阳散寒、理气止痛的功能。《本草蒙筌》云："大茴香，秋月方采。壳有八角，子赤藏中。嚼其香甜。”

【采收加工】春、秋两季果实成熟时采摘，以秋季采者果多质佳。采收后，置沸水中烫煮5～10分钟，至果实转红棕色时取出，晒干。或不经烫煮，直接晒干或烘干，这种方法加工的商品色鲜、气香、质好。

【性状鉴别】本品为聚合果，多数由8个蓇葖果组成，放射状排列于中轴上。蓇葖果长1～2cm，宽0.3～0.5cm，高0.6～1cm；表面红棕色，有不规则皱纹。顶端具短喙，上侧多数开裂；内面淡棕色，平滑，有光泽。种子扁圆形，长约6mm，红棕色或黄棕色，有光亮，尖端有脐；胚乳白色，富油性。气芳香，味辛、甘。

【性味与归经】辛，温。归肝、肾、脾、胃经。

【功能与主治】温阳散寒，理气止痛。用于寒疝腹痛，肾虚腰痛，胃寒呕吐，脘腹冷痛。

【经验鉴别】几种同科植物的果实有毒，外形与大茴香相似，曾发生误食中毒事故，应注意鉴别。其他尚有多蕊红茴香、野八角、短柱八角等。虽均为蓇葖果聚集成聚合果，但形态均有不同，味微苦或而辣，有麻舌感，亦有毒性。

大茴香与非正品的鉴别要点：八角茴香由8个膏果组成，富油性，气芳香，味辛，而甜。多个非正品蓇葖果长短不一，气香不足，油性少，多数有麻舌感。本品配方用药较少，中药店购调味品的“五香粉”销路甚佳，就用大茴香、小茴香、山柰、花椒、桂皮这5种辛香性药物配伍研粉制成，具有健脾行气作用，久用不衰。

【附注】

（1）非正品：莽草，又称山大茴、狭叶茴香。主产于湖南、浙江、江西。为聚合果，通常由10～13个蓇葖果放射状排列而成。直径为3.5～4.2cm，蓇葖果扁平，长1.5～2cm。外表面红褐色，先端有一较长向背侧弯曲的钩状尖头；果皮较薄，质脆。具特异芳香气，味淡，有毒，久尝麻舌。

（2）非正品：红茴香，主产于湖北、湖南、河南等地。通常有7～8个较瘦小的蓇葖果聚集成聚合果。直径为2.4～3cm，红褐色。蓇葖果扁平，长约1.5cm，宽0.4～0.7cm，先端渐尖，略弯曲呈喙状。果皮较薄，具有特异香气，尝之味先酸而后甘。

13. 沙苑子

【别名】潼蒺藜。

【来源】本品为豆科植物扁茎黄芪（*Astragalus complanatus* R.Br.）或华黄芪（*Astragalus chinensis* L.）的干燥成熟种子。

【产地】主产于河北、陕西、内蒙古。此外，安徽、山西、辽宁等地亦有产。野生于山坡草丛、田边、路旁。亦有栽培。

【本草溯源】蒺藜历史记载较乱，到宋代寇宗奭《本草衍义》，才逐渐分清白蒺藜与沙苑子。“蒺藜有二等：一等杜蒺藜，即今之道旁布地而生者，开小黄花，结芒刺。一种白蒺藜，出同州沙苑牧马处，子如羊内肾，大如黍粒，补肾药，令人多用。风家惟用刺蒺藜也”。李时珍曰：“其白蒺藜结荚长寸许，内子大如脂麻，状如羊肾而带绿色，今人谓之沙苑蒺藜。”清代《本草从新》云：“沙苑蒺藜，出潼关。状如肾子，带绿色。今肆中所卖，但是红花草子，真者绝无。”

【性状鉴别】本品略呈肾形，稍扁，长2～2.5mm，宽1.5～2mm，厚约1mm。表面光滑，褐绿色或灰褐色，边缘一侧凹入处具明显种脐。质坚硬。除去种皮，可见淡黄色子叶2片，胚根弯曲，长约1mm。无臭，味淡，嚼之有豆腥味。

【性味与归经】甘，温。归肝、肾经。

【功能与主治】温补肝肾，固精，缩尿，明目。用于肾虚腰痛，遗精早泄，白浊带下，小便余沥，眩晕目昏。

【经验鉴别】用开水冲泡有芳香气，以粒大、饱满、绿色为佳。

【附注】

（1）类似品：同科植物紫云英，表面红棕色至红褐色，略有光泽，比沙苑子大。

（2）类似品：猪屎豆，种子饱满，表面棕褐色，有光亮感。

（3）类似品：华黄芪子，颗粒饱满，种皮表面散有暗色斑纹，具密横纹等。

（4）非正品：百合科凹叶野百合的种子。1975年，广东东莞县自惠州采购进一批假沙苑子，较正品大，味苦。服后发生头痛、呕吐、肝大，甚至出现腹水症状。根据形态描述该品似是百合科凹叶野百合的干燥种子。

14. 刀豆

【别名】刀豆子、马刀豆。

【来源】本品为豆科植物刀豆[*Canavalia gladiata*（Jacq.）DC.]的干燥成熟种子。

【产地】主产于浙江、广东、广西、江苏、湖北、安徽等地。栽培于疏松沙质土壤中或庭院、村边地。

【本草溯源】刀豆又称挟剑豆。李时珍曰："以荚形命名也。"又曰："刀豆人多种之。三月下种，蔓生引一二丈，叶如豇豆叶而稍长大，五六七月开紫花如蛾形。结荚，长者近尺，微似皂荚，扁而剑脊，三棱，宛然。嫩时煮食，酱食、蜜煎皆佳。老则收子，子大如拇指头，淡红色，同猪肉、鸡肉煮食尤美。"

【采收加工】秋季采收。将分批采收成熟果实，剥去果壳，另晒，取种仁，晒干。

【性状鉴别】本品呈扁卵形或肾形，长2～3.5cm，宽1～2cm，厚0.5～1.2cm。表面淡红色或紫色，略有光泽，微皱缩，边缘具灰黑色种脐，长2cm，种脐有3条白色细纹，周边有一圈棕色环纹，并有类白色膜片状珠柄残余，靠近种脐的一端，有珠孔呈小凹点状，另一端有一深色的合点，合点与种脐间有隆起种脊。质坚硬。内表面棕绿色，稍有光泽，内含肥厚子叶2片，黄白色，胚根细小，位于珠孔一端，歪向一侧。气无，味淡。嚼之有豆腥气味。

【性味与归经】甘，温。归胃、肾经。

【功能与主治】温中，下气，止呃。用于虚寒呃逆，呕吐。

【经验鉴别】刀豆与常春油麻藤子的鉴别要点：刀豆表面淡红或紫红色，种脐短而偏于一侧，种子仁白色，嚼之有豆腥味；常春油麻藤子表面棕色或黑色，种脐长，为种子周长的1/2以上，仁灰白色，嚼之无豆腥味。

【附注】非正品：常春油麻藤子，为豆科植物常春油麻藤的干燥种子，呈扁椭圆形或类扁圆形。长2～3cm，宽1.5～2.5cm。表面呈棕黑色，略有光泽。边缘具有黑褐色近环形种脐，种脐长为种子周长的1/2以上。种脐灰黑色，质硬，不易破碎。种皮革质，内表面黑色而光亮，子叶2枚，灰白色，气微。

附　刀豆壳

其为刀豆外衣，又名刀豆衣。来源、产地同刀豆，收集荚果壳，晒干。果壳呈剑鞘状，稍呈螺旋形扭曲，长20～30cm，宽2～4cm。一端具扭曲的果柄，另一端尖，微弯。外面淡黄色至黄棕色，具皱纹及粗肋，散生黑色斑点，被稀疏短毛及斜向排列白色细条纹，内有白色海绵状物。质硬。气微，味淡。用于腰痛，呃逆，久痢，痹痛。

15. 韭菜子

【别名】韭菜仁。

【来源】本品为百合科植物韭菜（*Allium tuberosu* Rottl.ex Spreng.）的干燥成熟种子。

【产地】全国各地均产，栽培于田园间。

【本草溯源】始载于《名医别录》，云："韭，味辛、微酸，温，无毒。归心，安五脏除胃中热，利病患，可久食。子，主梦泄精，溺白。"《本草蒙筌》云："韭，各处乡村，俱种园圃。久割不乏，故以韭名。子止精浊遗漏，较渠根叶尤灵。"

【采收加工】秋季采摘成熟果实，晒干，打下种子，除去杂质。

【性状鉴别】本品呈半圆形或半卵圆形，略扁，长2～4mm，宽1.5～3mm。表面黑色，一面凸起，粗糙，有细密的皱纹，另面微凹，皱纹不甚明显。顶端钝，基部稍尖，有点状突起的种脐。质硬。气特异，味微辛。

【性味与归经】辛、甘，温。归肝、肾经。

【功能与主治】具有温补肝肾，壮阳固精之效。用于阳痿遗精，腰膝酸痛，遗尿尿频，白浊带下。

【经验鉴别】韭菜子皱缩，葱子光滑，手搓咀嚼，葱子有葱味，韭菜子有韭菜味。

【附注】非正品：同科植物葱子。其种子为三角状扁形，一面微凹，另面隆起。有棱线1～2条，大小如韭菜子，表面黑色，多光滑或偶有疏皱纹，凹面平滑；基部有2个突起，较短的突起为种脐，较长的突起为珠孔。体轻，质硬。气特异，嚼之有葱味。

16. 淫羊藿

【别名】三枝九叶草。

【来源】本品为小檗科植物淫羊藿（*Epimedium brevicornu* Maxim.）、箭叶淫羊藿［*Epimedium sagittatum*（Sieb.et Zucc.）Maxim.］、柔毛淫羊藿（*Epimedium pubescens*.Maxim.）或朝鲜淫羊藿（*Epimedium koreanum* Nakai）的干燥地上部分。

【产地】淫羊藿主产于东北、西南地区；箭叶淫羊藿主产于浙江、安徽、江苏、福建、广东等；朝鲜淫羊藿主产于东北、山西、甘肃等。野生于阴湿的山沟、坡地或竹林下岩石缝等处。

【本草溯源】始载于《神农本草经》，列为中品。陶弘景曰："服之使人好为阴阳。西川北部有淫羊，一日百遍合，盖食此藿所致，故名淫羊藿。"苏颂曰："江东，陕西，泰山，汉中，湖湘间皆有之……湖湘出者，叶如小枝茎紧细，经冬不凋，根似黄连。关中呼为三枝九叶草，苗高一二尺，根叶俱堪用。"

【采收加工】夏、秋季割取地上部分。除去杂物，晒至半干后，再扎成小把，晒干。

【性状鉴别】

（1）淫羊藿：茎细圆柱形，长约20cm。表面黄绿色或淡黄色，具光泽。茎生叶两片对生，两回三出复叶。小叶片卵圆形，长3～8cm，宽2～6cm。先端微尖，顶生小叶基部心形，两侧小叶较小，偏心形，外侧较大，呈耳状，边缘具黄色刺毛状细锯齿；上表面黄绿色下表面灰绿色，主脉7～9条，基部有稀疏细长毛，细脉两面突起，网脉明显；小叶柄长1～5cm。叶片近革质。气微，味微苦。

（2）箭叶淫羊藿：一回三出复叶，小叶长卵形至卵状披针形，长4～12cm，宽2.5～5cm；先端渐尖，两侧小叶基部明显偏斜，外侧呈箭形。下表面疏被粗短伏毛或近无毛。叶片革质。

（3）柔毛淫羊藿：叶下表面及叶柄密被绒毛状柔毛。

（4）巫山淫羊藿：小叶披针形或狭披针形。长9～23cm，宽1.8～4.5cm，先端渐尖或长渐尖，边缘具锯齿，侧生小叶基部的裂片偏斜，内边裂片小，圆形，外边裂片大，三角形，渐尖。下表面被绵毛或秃净。

（5）朝鲜淫羊藿：小叶较大，长4～10cm，宽3.5～7cm，先端长尖。叶片较薄。

【性味与归经】辛、甘，温。归肝、肾经。

【功能与主治】具有补肾阳，强筋骨，祛风湿之效。用于阳痿遗精，筋骨痿软，风湿痹痛，麻木拘挛。

【经验鉴别】5种淫羊藿以叶形鉴别：①淫羊藿，叶特征是三杈九叶，叶卵心形，边缘有刺状锯齿。②箭叶淫羊藿，为一回三出复叶，叶片较长，披针形，似箭状。③柔毛淫羊藿，叶下面密被绒毛。④巫山淫羊藿，小叶片披针形至狭披针形，先端渐尖，叶下表面有被绵毛或秃净。⑤朝鲜淫羊藿，为两回三出复叶，卵状心形，小叶较大，先端长尖，叶片较薄，饮片切成段状，气微，味微苦。

【附注】除上文所述品种外，尚有部分地区使用同科同属植物宽序淫羊藿和尖叶淫羊藿等入药。如果切成饮片，难以鉴别真伪。

附 仙灵脾

仙灵脾来源为上述5种淫羊藿的干燥根茎，为不规则厚片或结节状的段，有的有分枝。表面棕褐色至灰褐色，节呈小瘤状突起，有残留根痕；切片皮薄，浅棕褐色，木部黄白色至灰棕色，致密，质硬。气微，味微苦涩。性辛，甘，温。归肝、肾经。具有补肾阳，强筋骨，祛风湿之效。用于阳痿遗精，筋骨痿软，风湿痹痛，麻木拘挛，更年期高血压。

17. 紫花地丁

【别名】地丁草。

【来源】本品为堇菜科植物紫花地丁（*Viola yedoensis* Makino）的干燥全草。

【产地】主产于江苏、浙江、河南、福建、安徽等省，销用较广，也是浙江省供应的主流商品。

【本草溯源】始载于《本草纲目》，曰："紫花地丁，处处有之，其叶似柳而微细，夏开紫花结角。平地生角起茎，沟壑边生者起蔓。"清代《本草从新》云："紫花地丁，叶似柳而细，夏开紫花，结角。生平地者起茎，生沟壑者起蔓。"紫花地丁使用历史不长，开紫花草不少，起蔓者可能是指匍伏堇。

【采收加工】春、秋两季，开花结果后采收，除去杂质泥沙等，趁鲜晒干。

【性状鉴别】本品多皱缩成团，淡黄棕色，有细纵皱纹。托叶大部分与叶柄合生，淡绿色或花白色。叶片灰绿色，舌形至三角状卵形，基部楔形或心形，边缘具钝锯齿，两面有短柔毛。萼有5片，附器短于萼片；花瓣有5片，侧瓣内侧有须毛至无须毛，花距细管状。蒴果椭圆形，成熟时分裂为3片果瓣，果瓣质硬而有棱脊，俗称"砻糠瓣"，内有多数淡棕色细小的圆形种子。气微，味微苦而稍黏。

【性味与归经】苦、辛，寒。归心、肝经。

【功能与主治】具有清热解毒，凉血消肿之效。用于疔疮肿毒，痈疽发背，丹毒，毒蛇咬伤。

【经验鉴别】紫花地丁手搓后有干菜气，蒴果椭圆形，3瓣，如"砻糠瓣"。匍伏堇手搓气微，蒴果椭圆形，3瓣裂开，较圆。

【附注】

（1）全国使用紫花地丁的情况非常复杂，有同科的犁头草、白花地丁、甜地丁、罂粟科植物紫堇等。

（2）长萼堇菜为非正品，托叶微具紫褐色斑点，叶片三角状卵形或梨头形，无毛，萼附器3长2短，可与萼片等长。花瓣侧瓣内侧无须毛，花矩为粗筒状。

（3）戟叶堇菜为非正品，主根灰棕色或棕褐色，托叶具紫色斑点，叶片三角披针形或箭状披针形，无毛，有时具紫褐色小点。花瓣侧内侧有须毛，花矩粗筒状。

附 匍伏堇

其为同科植物干燥全草。茎被白色毛。茎细，叶薄皱缩，卵形或椭圆形，色黄或灰绿色。花瓣类白色或淡紫色，蒴果椭圆形，3瓣。气微，味淡。性味微苦寒。其具有清热解毒，消肿排脓，清肺止咳之效。紫花地丁与匍伏堇干燥切片后一般很难鉴别。

18. 败酱草

【别名】黄花败酱草、白花败酱草。

【来源】本品为败酱科植物黄花败酱（*Patrinia scabiosaefolia* Fisch.ex Link.）或白花败酱[*Patrinia villosa*（Thunb）Juss.]的干燥地上部分。

【产地】主产于四川、江西、福建、广东等省。野生或栽培于山坡、草地上。

【本草溯源】始载于《神农本草经》，列为中品，云："败酱，味苦平。主暴热火创，赤气，疥搔，疽痔。"《名医别录》云："败酱生江夏川谷，八月采根曝十。"《本草蒙筌》云："败酱俗呼苦遮菜，多生山谷中，夏初收采。因似败豆酱气，故以败酱为名。"《本草从新》云："败酱，解毒排脓，治痈肿，破凝血，疗产后诸病。一名苦菜，用根苗。"败酱幼时可充饥用，夏季开花前采收可供药用。

【采收加工】夏季开花前采收。将全草拔起，除去泥沙杂质后，晒至半干，扎成束，阴干。

【性状鉴别】

（1）黄花败酱：全草长50～100cm。根茎多数向一侧弯曲，直径为0.3～1cm，暗棕色至紫棕色，有节，节上有细须根。茎直立，圆柱形，有分支，直径为0.2～0.8cm，土黄色或黄绿色，节明显；下部有倒生粗毛。质脆、易断，断面中部有髓或成小空洞。叶对生，叶片薄而脆，多数卷缩或破碎，润湿展平后呈羽状深裂至全裂，裂片有5～11片，椭圆形或卵形，有粗齿；叶面绿色至黄棕色，叶背色浅，疏生有白色的毛，叶柄短近于无柄，基部略抱茎。上端的茎生叶最小，3裂，裂片狭长，有时可见枝端带有聚伞圆锥花序。新鲜品有败酱样的特殊腐臭气，故名“败酱草”，味微苦。

（2）白花败酱：与上述品种近似，主要区别为茎不分枝，倒生的白色毛较长，茎有纵向纹，断面有较大空洞；基生叶有1～4对侧裂片，茎生叶大多数不分裂，叶柄较长，长1～4cm，有翼。加工切成段，茎圆柱形，表面黄绿色，有的有瘦果。气特异，味微苦。

【性味与归经】辛、苦，凉。归肝、胃、大肠经。

【功能与主治】具有清热解毒，祛瘀排脓之效。用于阑尾炎，痢疾，肠炎，肝炎，眼结膜炎，产后瘀血腹痛，痈肿，疔疮。

【经验鉴别】黄花败酱、白花败酱两者均有败酱气，主要区别有以下三点。

（1）黄花败酱地下茎间长2cm以下，节生细根，白花败酱地下茎间长3～6cm，节生粗毛。

（2）黄花败酱是叶羽状深裂或全裂，边缘具锯齿，白花败酱茎生叶不分裂。

（3）黄花败酱是聚伞花序集顶生的伞房花序，花黄色，白花败酱聚伞花序圆锥状，顶生或腋生，花白色。

【附注】目前全国使用败酱草的品种较为复杂。除正文所述的品种外，同科植物单叶败酱、狭叶败酱、大叶苣菜、苦荬菜、苦菜、台湾苦菜等均有作败酱使用。华东、中南及黑龙江省有的地区另有十字花科植物菥蓂，称为“苏败酱”；华北、西北、华南等地区用菊科植物苣荬菜作败酱草使用，称为“北败酱”。

19. 琥珀

【别名】云珀、血珀、煤珀。

【来源】本品为古代松科松属植物的树脂久埋地层下，经年久转化而成的化石状物质。

【产地】主产于广西、云南、辽宁、河南、广东、福建等地。缅甸亦产。

【本草溯源】始载于《雷公炮炙论》云：“凡用须分红松脂、石珀、水珀、花珀、物象珀、翳珀、琥珀。”《本草蒙筌》载：“琥珀，出自松脂所化，入土千岁才成。初如桃胶，久渐坚硬。”《本草从新》载：“松脂入土，年久结成或枫脂结成。以摩热拾芥者真。”

【采收加工】多数在开山、挖土、采矿时发现，辽宁抚顺一带有从煤块中筛选出来故称“煤珀”。

【性状鉴别】

（1）琥珀：呈不规则块状、颗粒状或多角形，大小不一。呈血红色、黄棕色、黑棕色等多种。半透明或不透明，表面常粘有粉尘样碎末。质硬而脆。断面颜色与表面相同，平滑，有光泽，手捻之，松脆呈粉末状，以火点之易燃，并冒黄白色烟，微有松香气。气香，味淡。

（2）血珀：云南所产，呈不规则块状，血红色，半透明，质坚硬，不易破碎，为琥珀中的最佳品。

（3）煤珀：呈不规则多角形块状、颗粒状，少数呈滴乳状，大小不一，通常长、宽为0.2～0.8cm。表面棕黑色、黑褐色、黄棕色或红褐色，略有光泽。燃烧时冒黑烟，有煤油臭气。

三者均以块大、血红色、断面有玻璃样光泽，无杂质者为佳，但煤珀不如琥珀质好。

【性味与归经】甘，平。归心、肝、小肠经。

【功能与主治】具有安神镇惊，活血利尿之效。用于心悸失眠，惊风抽搐，癫痫，石淋，小便不利，血尿。

【经验鉴别】琥珀属贵重中药材，过去有伪制品，鉴别要点为：①表面深红色至棕黑色，具光泽，彩晕；②摩擦生热，可吸附灯心草、芥子、细灰等物，嚼之无砂粒感。

【附注】为非正品，松香为同科植物的树脂，块状，表面淡黄色，有光泽，质硬而脆。断面较平滑，有玻璃样光泽，有时呈淡黄白灰色或红褐色，碰火显黏性，烧之具有松节油香气。

20. 蜂蜜

【别名】石蜜。

【来源】本品为蜜蜂科昆虫中华蜜蜂（*Apis cerana* Fabricius）或意大利蜂（*Apis mellifera* Linnaeus）所酿的蜜。

【产地】主产于湖北、浙江、广东、云南、江苏等省。绝大部分为养蜂场所家养，少数为野生。

【本草溯源】为中药炮制中主要添加辅料之一，亦可单独饮服治疗疾病。始载于《神农本草经》，列为上品，云："石蜜，味甘平，主心腹邪气，诸惊痫痓，安五藏，诸不足，益气补中，止痛解毒。"吴普曰："石蜜，神农雷公，甘气平，生河源或河梁。"《本草图经》云："食蜜有两种，一种在山林木上作房，一种人家作窠槛收养之。其蜂甚小而微黄，蜜浓厚而味美。"《本草纲目》云："凡试蜜，以烧红火箸插入，提出起气是真，起烟是伪。"从上述记载可见，先有野生石蜜后转家养，自古有掺伪，可试察。

【采收加工】从春末至冬初在果树开花期或采花期均为旺产季节。采收家养品，是将蜂巢中养蜜格子取出来放进离心机内摇动取出蜂蜜。采收野生品，是将割取的蜂巢置入洁净布袋中，把蜜挤出，挤出蜜后，滤去面层蜂蜡及杂质。春末夏初收者，商品称"春蜜"；秋末冬初采收者，商品称"冬蜜"。

【性状鉴别】春蜜呈稠浓状或稠膏状，多数为稠液状透明，淡黄色或黄棕色；冬蜜多数为稠膏状并常析出葡萄糖结晶粒，淡黄色或黄色。久置或遇冷渐有白色颗粒状结晶析出。气香，味极甜。

【性味与归经】性甘，味平。归肺、脾、大肠经。

【功能与主治】具有补中，润燥，止痛，解毒之效；外用生肌敛疮。用于脘腹虚痛，肺燥干咳，肠燥便秘，解乌头类药毒；外治疮疡不敛，水火烫伤。

【经验鉴别】蜂蜜掺假屡见不鲜，从古至今，掺假的方式多种多样。正品气香，味极甜，用筷子挑起蜂蜜能拉成长丝状，断后自动回缩呈球状为正品，掺假者如下可试察。将蜂蜜滴在白纸上，如果蜂蜜渐渐渗开，说明掺有蔗糖（白糖）或水。掺有糖的蜂蜜透明度较差，不清亮，呈混浊状，香气和味差。掺红糖的蜂蜜颜色较深，掺白糖蜂蜜颜色浅白无光泽。掺有面粉、淀粉或玉米粉的蜂蜜，色泽较混浊，甜味不及正品。将少量蜂蜜放入杯中，加适量水煮沸，待冷却后滴入几滴黄酒摇匀，如果溶液变成蓝色、红色或紫色，说明蜂蜜中掺有淀粉类物质。掺果胶的蜂蜜，果胶为淡黄或黄褐色粉末，易溶于水，在蜂蜜中溶解度大，透明度强。鉴别方法：取蜂蜜适量加热微炼，待降至室温时置冰箱内冷藏一段时间，如蜜液凝结为透明难溶于水的胶体，则表明为掺入果胶的蜂蜜。中华人民共和国成立前，山区农村大多数养土蜂，蜜糖比白糖价格低，掺伪的蜂蜜少。现在不同，蜂蜜大多为意大利蜂供应，农村养殖中华蜂几近消失。

【注意事项】脘腹胀满或肠胃泄泻者慎用，梦遗、早泄及脱肛者忌用。本品宜置于低温干燥处储藏。

21. 蕲蛇

【别名】五步蛇、白花蛇。

【来源】本品为脊索动物门蝰科动物五步蛇[*Agkistrodon acutus*（Güenther）]的干燥体。

【产地】主产于江西、浙江、福建。此外广东、广西、湖南等地亦有产。栖息于山林中，常盘踞落叶下岩洞内。

【本草溯源】始载于宋代《开宝本草》，名曰“花蛇”。原产湖北蕲州，故名“蕲蛇”。《本草衍义》云：“诸蛇鼻向下，独此鼻向上，背有方胜花文，以此得名。”《本草蒙筌》载：“白花蛇，惟取蕲州。头长小角绛，尾生佛指甲，项选真珠白点，背缠方胜花纹，因而得名。”李时珍曰：“蕲蛇龙头虎口，黑质白花，胁有二十四个方胜文，腹有念珠斑，口有四长牙，尾上有佛指甲，长一二分，肠形如连珠。”历史上的白花蛇就是指蕲蛇。

【采收加工】夏、秋季捕捉，以夏季为主。通常是用铁丝穿过长竹竿，铁丝的一端做成圈套，另一端作为拉手使用，套住蛇头时迅速拉紧圈套，使蛇不能逃脱。捕获后，将蛇腹剖开除去内脏，盘成圆形，头在中央，用竹片固定烘干或晒干，称“蕲蛇肉”。如用竹片撑开，盘成扁平状盘形，称“蕲蛇耷”。目前做成“蕲蛇耷”状较多。现在也有人工饲养者，但货源不足，目前仍以野生为主。

【性状鉴别】本品呈圆盘形卷曲，盘径17～34cm，大者50～60cm，体长可达2m。头在中央，鼻吻向上翘起，习称“翘鼻头”。口较大，牙齿向里，习称“龙头虎口”。背部密被棱形鳞片，鳞片起脊棱，蛇背两侧各有黑褐色与浅棕色组成的“V”形大斑纹理17～25个。由于“V”形的顶端在背中线上相接，形成一系列连贯相接斜方纹，习称“方胜纹”，间有左右不相接而交错排列。腹部灰白色，鳞片较大，有黑色类圆形斑块纹，习称“连珠斑”。腹内壁黄白色，脊椎骨显露突起，两侧具多数肋骨。尾部骤细，末端有三角形深灰色的角质鳞片1枚，习称“佛指甲”，加工成类方形的块片。气腥，味微咸。

【性味与归经】甘、咸，温；有毒。归肝经。

【功能与主治】具有祛风，通络，止痉之效。用于风湿顽痹，麻木拘挛，中风口眼㖞斜，半身不遂，抽搐痉挛，破伤风症，麻风，疥癣。

【经验鉴别】由于蕲蛇价高，掺伪手段多样。如采用蛇颈部掺生铁块、尾插入铁针等手段增重。采购时应注意鉴别，以确保用药安全有效。

22. 五灵脂

【别名】糖五灵脂、寒号虫屎。

【来源】本品为鼯鼠科动物复齿鼯鼠（*Trogopterusxanthipes* Milne-Edwards）的干燥粪便。

【产地】主产于河北、山西、陕西、内蒙古、甘肃，青海、云南等地亦有产。原动物野生，栖息于岩洞间，现已有人工饲养。

【本草溯源】始载于宋代《开宝本草》，曰："五灵脂出北地，寒号虫粪也。"又曰："寒号虫四足，有肉翅不能远飞。"《本草蒙筌》云："五灵脂，出河东郡州，系寒号虫粪，状类铁多夹砂石，淘以酒专治女科。"《本草从新》云："五灵脂，北地鸟，名寒号虫矢也，色黑，气甚臊恶，糖心润泽者良。"

【采收加工】全年可收集，以春、秋季产量多。收集后，除去杂质，晒干。按形状分档：成块者称为"糖五灵脂"或"灵脂块"，质量甚优；散粒者称为"灵脂米"。

【性状鉴别】

（1）五灵脂（灵脂米）：为长椭圆形颗粒，长0.5～1.5cm，直径为0.3～0.6cm。表面黑棕色、红棕色或灰棕色，较平滑或微粗糙，常可见淡黄色纤维，有的略具光泽。体轻，质松，易折断，断面黄绿色或黄褐色，不平坦，显纤维性。气腥臭，味苦。

（2）灵脂块（糖五灵脂）：呈不规则块状，大小不一，表面黑棕色、红棕色或灰棕色，凹凸不平，有油润性光泽。黏附的颗粒呈长椭圆形，表面常碎裂，显纤维性，质硬，断面为黄棕色树脂状物质。气腥臭。

【性味与归经】咸、甘，温。归肝经。

【功能与主治】具有活血，化瘀，止痛之效。用于胸胁、脘腹刺痛，痛经，闭经，产后血瘀腹痛，跌仆肿痛，虫蛇咬伤。

【经验鉴别】取五灵脂10～20g，浸泡1小时，或水煎25分钟后，形状保持完整并无散开现象、药液澄清者为正品。

【注意事项】不宜与人参同用。孕妇慎用。

【附注】非正品为金龟子科昆虫小青龙潜昆虫的粪便，呈细长椭圆形且扁，两端严截或钝圆，长0.3～0.5cm。表面灰黑色，质硬，易碎，断面色与表面色一致。无臭无味。

23. 马宝

【别名】马结石。

【来源】本品为马科动物马（*Equus caballus* L.）的肠胃结石。

【产地】主产于内蒙古、西藏、新疆、河北、云南等地，以西藏所产马宝为珍品。

【本草溯源】历代本草未见记载。《本草纲目》名“鲊答”。李时珍曰：“鲊答，生走兽及牛马诸畜肝胆之间，有肉囊裹之，多至升许，大者如鸡子，小者如栗如榛，其状白色，似石非石，似骨非骨，打破重叠。”《饮片新考》云马宝“清肝脑，化热痰，治痉挛，止吐衄”。上述由鲊答逐步确定为马宝、狗宝、牛黄，这是认识上的一大进步。

【采收加工】大多数出自身体瘦弱的病马。宰杀后，取胃肠、膀胱的结石，用清水洗净，晾干。

【性状鉴别】本品完整者呈球形、卵圆形或扁圆形，大小不等，一般直径为3～20cm，重100～2500g，亦有小粒者。表面灰白色、油棕色或青黑色，光滑，有光泽，有的凹凸不平，常附有杂乱的细草纹。体重，质坚如石，剖开面灰白色至青黑色，有同心层纹（俗称“涡纹”）及线纹。微具玻璃样光泽，常见有未消化的植物性食物。气微，破开时有马尿气，味淡，嚼之可成细末。研粉者为粒度均匀、灰白色至青黑色的粉末。

【性味与归经】甘、咸，凉。归心、肝经。

【功能与主治】具有清热解毒，镇惊化痰之效。用于癫狂惊痫，神志昏迷，恶疮肿毒及失血等症。

【经验鉴别】取本品少许，置铝箔上灼烧时，粉末迅速聚集于中心，并逸出焦臭气味。

【注意事项】中寒痰湿者忌用。

【附注】

20世纪80年代，杭州出现过在商品中掺入用水泥、油灰作为原料的仿制品，被徐锡山教授当场识破，破开后对方也看出是伪品，并及时追回已售出的伪品。

1981年10月，四川乐山市某中药材公司收购到一个大马宝，净重

3.35kg，是从一匹双目失明的病残老马腹中离胃约26cm处的大肠中取出。同时还取出两个小马宝，一个直径1cm，另一个直径2cm。

20世纪80年代前，我国马匹数量居世界首位，所以我国是一个多产马宝的国家，但现在养马数量正在下降。

24. 天竺黄

【别名】天竹黄、片竺黄、广竹黄。

【来源】本品为禾本科植物青皮竹（*Bambusa textilis* McClure）、华思劳竹（*Schizostachyum chinense* Rendle）等杆内的分泌液干燥后的块状物。

【产地】主产于广东广宁、四会、怀集，广西桂平，两广竹子较多的地区均有产。原植物生于山地、丘陵、河边等地。多数为栽培。

【本草溯源】为常用中药之一。始载于宋代《开宝本草》，曰："天竺黄，生天竺国。今诸竹内往往得之。"《大明本草》曰："此是南海边，竹内尘沙结成者，可以疗疾。"李时珍曰："竹黄出于大竹之津气结成，其气味功用与竹沥同，而无寒滑之害。"

【采收加工】四季均可采收，一般在冬季采收，因分泌液体，逐渐凝成片状小块。自然生者不易得，大部分以人工使竹受热后，促使竹沥溢在竹节中，凝固而成竹黄，劈开取之，晾干，即为成品。但也有烧过度，变成黑褐色炭块，品质较低，也有因竹沥流入土地与泥块凝结，所以天竺黄有的含有泥沙等，质量不佳。

【性状鉴别】本品为不规则片状或颗粒，大小不一。表面灰蓝色、灰黄色或灰白色，有的洁白色，半透明，略带光泽。体轻，质硬而脆，易破碎，富吸湿性，能吸舌。气微，味淡。

【性味与归经】甘，寒。归心、肝经。

【功能与主治】具有清热豁痰，凉心定惊之效。用于热病神昏，中风痰迷，小儿痰热惊痫、抽搐、夜啼。

【经验鉴别】用水试法。本品吸湿性强，置于水中产生气泡，吸水饱和自然崩解，结晶颗粒色泽加深至天蓝色。

附　人工天竺黄

据有关资料，天竺黄的产生是由一种寄生蜂（竹黄蜂）在竹子里营巢寄生活动所致。每年8～10月，竹黄蜂将卵器插入竹筒内，卵经过幼虫、蛹、成蜂等阶段，整个生活史在竹筒内完成。翌年8～10月成蜂从竹筒内咬洞而出，又向新出幼竹产卵繁殖。由于竹子的疏松组织被蜂咬破，使竹筒分泌出大量水液。随着竹子的老化，这些水液便干涸结成天竺黄。亦可用人工钻洞拟蜂咬破方法进行人工培产，现已获成功，也有以人工使竹暴热而成。

（1）合成竹黄：可称人工天竺黄。1969年开始研究使用人工合成天竺黄，早已研制成功，有商品供应，并在全国推广使用。本品呈不规则多面体的结晶状颗粒，直径为0.8～2cm，全体玉白色。受潮后呈白色，光洁，无尘粉状物黏附。质轻而结，易破碎，但只成碎粒，不成粉末，用力手握，有沙沙响声。气无，味淡。

（2）人工天竺黄，为磷酸盐胶体，含有钠、钾、铝、铁等金属离子，并吸附有鲜竹沥。

25. 机冰

【别名】机制冰片、合成冰片。

【来源】本品为以松节油和樟脑等为原货的合成品，主含消旋龙脑。

【产地】主产于广州、福建、上海等地。

【本草溯源】本品为近代产品。

【性状鉴别】本品为无色透明或白色半透明的片状松脆结晶。有光泽，质松脆，可层层剥离成薄片，手捻易成粉末。气清香，味辛凉，具挥发性。点燃发出浓烟，并有带光的火焰。

【性味与归经】辛、苦，微寒。归心、脾、肺经。

【功能与主治】具有开窍醒神，清热止痛之效。用于热病神昏、惊厥，中风痰厥，气郁暴厥，中恶昏迷，胸痹心痛，目赤，口疮，咽喉肿痛，耳道流脓。

【经验鉴别】天然冰片燃烧时有浓烟，火焰呈黄色；机制冰片燃烧时发出浓烟，有带光的火焰；梅花冰片（进口货）燃烧时无黑烟或微有黑烟；艾片燃烧时有浓黑烟。

【注意事项】孕妇慎用；不可用于眼病内外敷；浙江省眼科医生习惯用梅花冰片，机制冰片一般作外用药外敷用或伤科膏药使用。

26. 青黛

【别名】靛青、靛蓝。

【来源】本品为爵床科植物马蓝[*Baphicacanthus cusia*（Nees）Bremek.]、蓼科植物蓼蓝（*Polygonum tinctorium* Ait.）或十字花科菘蓝（*Isatis indigotica* Fort.）的叶或茎叶经加工制成的干燥粉末或团块。

【产地】主产于福建、广东、浙江、江苏、湖南等地。以福建产品质量最佳，称“建青黛”，属于福建道地药材之一。原植物野生、栽培均有。

【本草溯源】据考证，黛是眉毛的颜色，因唐代妇女曾以青黛染眉，故称青黛。至宋代《开宝本草》始收载此药。《本草纲目》列入草部，一称“靛花”，乃由靛蓝和石灰搅拌后，取其浮于水面的泡沫而成。李时珍谓：“波斯青黛亦是外国蓝靛花，既不可得，则中国靛花亦可用……货者复以干淀充之，然后石灰，入服饵药中当详之。”《本草蒙筌》云：“蓝实，闽赣甚多，近道亦有。所产须分数种，入药惟有蓼蓝。”古代对青黛甚有研究，古人医德药德弥足称道。

【采收加工】夏秋割取茎叶，置于水池或大水缸中，压紧使不浮起，再注入清水，浸过表面3～5cm，经2～3天至叶腐、茎脱皮为度，将残渣捞起，加入纯净石灰膏（每100kg鲜茎需加石灰膏4～4.5kg稀释，过滤去除砂石），不断搅拌至呈蓝色、略成糊状为度。沉淀后去水，将沉淀物捞起置瓦缸清水中约60天，再沉淀、去水、加水搅拌，共过滤3次，最后加清水不断搅拌，使产生大量泡沫，取其泡沫晒干即成。

【性状鉴别】本品呈不规则团块状，全体疏松如蜂窝状，或呈细粉状。蓝色或灰蓝色，兼有微细白色小点。粉末颗粒均匀，呈深蓝色，体轻，易飞扬。气特异，味淡。

【性味与归经】咸，寒。归肝经。

【功能与主治】具有清热解毒，凉血消斑，泻火定惊之效。用于温毒发斑，血热吐衄，胸痛咯血，口疮，痄腮，喉痹，小儿惊痫。

【经验鉴别】取本品适量投入水中，能浮于水面，一般不下沉，难溶于水，水不变色，捻之手被染成深蓝色；火烧显紫蓝色火焰持续时间较长，放于铁片上，下面以火烧之，由蓝色逐渐变为紫红色，嚼之无沙粒者为佳。

【附注】非正品、伪品：1956年，江西某县农民将染坊染过布的土靛脚料用石灰掺杂；有的掺泥土用盐基品蓝染色制造青黛，运销全国，危害甚大。假青黛质地较重，颜色较淡，粉末不细腻，用水泡则见泥沙下沉。

第二节　切炙煨煅，炉火纯青

炮制是制备中药饮片的一门传统制药技术，历史上又称“炮炙”“修治”“修事”。雷敩的《雷公炮炙论》以“炮炙”作书名，而在正文中多用

“修事”；明代李时珍在《本草纲目》药物正文中设“修治”专项；清代张仲岩的炮制专著《修事指南》，用“修事”作书名，而正文中用“炮制”。从历代有关资料来看，虽然名称不同，但记载的内容都是一致的，而且多用“炮制”和“炮炙”两词。从字义上看，“炮”和“炙”都离不开火，而这两个字仅代表中药整个加工处理技术中的两种火处理方法。随着社会生产力的发展，以及人们对医药知识的积累，对药材加工处理技术超出了火的范围，使“炮炙”两字不能确切反映和概括药材加工处理的全貌，为了既保持原意，又能较广泛包括药物的各种加工技术，现代多用“炮制”一词。“炮”代表各种与火有关的加工处理技术，而“制”则代表各种更广泛的加工处理方法。

中药炮制是按照中医药理论，根据药材自身性质，以及调剂、制剂和临床应用的需要，所采取的一项独特的制药技术。药材凡经净制、切制或炮制等处理后，均称为“饮片”，药材必须净制后方可进行切制或炮制等处理。饮片是指药材经过炮制后可直接用于中医临床或制剂生产使用的处方药品，是供中医临床调剂及中成药生产的配方原料。

药材必须经过炮制成饮片之后才能入药，这是中医临床用药的一个特点，也是中医药学的一大特色。

（一）中药炮制的起源与发展

中药炮制是随着有了中药就有了中药的炮制，其历史可追溯到原始社会。中药炮制是在具备如下条件的前提下而产生的。

1. 中药的发现和应用

人类为了生活、生存必须劳动生产，必须猎取食物。人们有时误食某些有毒植物和动物，以致发生呕吐、泄泻、昏迷，甚至死亡；有时食用之后，自己的疾病症状减轻或消失，久而久之，这种感性知识积累多了便成了最初的药物知识。随着医药技术的进步，为了更好地发挥药效作用，又将这些天然药物进行一定的采集加工。为了服用方便，还将药物进行清洗、擘成小块或锉、捣为粗末等简单加工，这些简单加工经过积累和发展，就成了类似于中药饮片炮制中的“洗净法”“切法”“捣法”等。这便是中药炮制的萌芽。因此，中药炮制是随着中药的发现和应用而开始产生的。

2. 火的出现和应用

《韩非子·五蠹》载：“上古之世……民食果蓏蜯蛤，腥臊恶臭，而伤害腹胃，民多疾病。有圣人作钻燧取火，以化腥臊，而民悦之，使王天下，号之曰燧人氏。”《礼纬・含文嘉》明确指出：“燧人氏始钻木取火，炮生为熟，令人无腹疾，有异于禽兽。”中药炮制古称“炮炙”，就是指用火加工处理药材的方法。由于人类对火的应用，为早期中药采用高温处理的“炮炙法”“药炒法”的出现创造了基本条件。据《说文解字》载：“炮，毛炙肉也。”段注：“毛炙肉，谓不去毛炙之也。”《礼记・内则》载：“涂之以谨（墐）涂，炮之。”郑玄注：“炮者，以涂烧之为名也。”孙希旦集解：“裹物而烧之谓之炮。”《说文解字》云：“炙，炙肉也，从肉在火上。”《诗经・小雅》载：“炕火曰炙。”“炮”“炙”均源于食物加工，中药炮制的源头就在于食物的炮生为熟。因此早期的炮制主要是用火加工处理药物。这种利用火来炮生为熟的知识，逐渐应用于处理药物方面，从而形成了中药炮制的雏形。

3. 酒的发明与应用

酒是用于炮制中药的重要辅料和制药溶媒之一，酒的发明与应用历史在我国非常久远，起源旧石器时代，在新石器时代有所进展，而广泛应用于奴隶制社会时期。新石器晚期的龙山文化，则发现有专用酒器，殷商文化中发现更多的专用酒器，在殷墟出土的甲骨文中有“鬯”字，鬯就是芳香性的药酒，供祭祖用。人们直接用酒来医病，或用作制药的溶剂制成“药酒”对抗疾病。酒的发明与应用，丰富了用药经验并被引用于炮制药物，从而产生了辅料制法，充实了药物炮制的内容。

4. 陶器的发明与应用

人类在长期利用火的过程中，对土壤的可塑性也有了逐步的认识，为陶器的发明创造了条件。在我国仰韶文化时期（公元前5000年左右），就有了砂锅、陶罐等烹饪器和储存器，为早期中药炮制的蒸制法、煮制法、煅制法（陶制煅药罐）及存放中药汤剂等创造了必要的工具条件。陶器的发明和应用，极大丰富和拓展了炮制的内容。

中药炮制是我国历代医药学家在长期医疗活动中逐步积累和发展起来的一项独特的制药技术，有着悠久的历史和丰富的内容，是中医用药特点所在。随着现代科学技术的发展，中药炮制也在不断摸索中前进。通过整理中医药中有关中药炮制的文献，可以发现中药炮制的发展大致可分为四个时期：①春秋战国至宋代（公元前722年～公元1279年），是中药炮制技术的起始和形成时期；②金、元、明时期（1280～1644年），是炮制理论的形成时期；③清代（1645～1911年），是炮制品种和技术的扩大应用时期；④现代（1911年以后），是炮制振兴、发展的时期。

（二）切片

切片是加工炮制中最基础，也是至关重要的。徐老能将一槟榔切成100多片，说明其基本功之扎实。徐老认为，切片有三要素：药材软化、刀具及切制的基本功。

1. 药材软化

根据药材的性质，可选择不同的变化。如质地疏松的草类药，可用淋法；质地松软，水分易渗入者，如陈皮、桑白皮等可用洗法；质地坚硬的药材可用润闷法；一次不够润透，需反复润闷，使其软化，如大黄、首乌、泽泻等；但在夏天润药，由于环境温度高，要防止药材霉变，对含淀粉多的药材尤应特别注意，如山药、花粉等，很容易出现发黏、变红、变味的现象。对水分不易渗入的药材，如红参、木瓜、天麻等，可用蒸、烫等方法处理，以达到软化的目的。

药材软化是否达到切制的要求，可用这 4 种方法检查：①弯曲法：长条状药材软化至握于手中，大拇指向外推，其余四指向内缩，药材略弯曲而不易折断，感觉无硬心。②指掐法：团块状药材软化至手指甲能掐入表面，表面不糊，中心不硬。③穿刺法：粗大的块状药材软化至用铁杆能刺穿而感无硬心。④手捏法：不规则的根与根茎类药材软化至用于捏粗的一端，感觉较柔软、无硬心。

2. 刀具

手工切的工具为特制的切药刀，一般由刀床、刀片、刀柄组成。刀床与刀片间的间隔要适中，不宜过紧，也不宜过松。刀片要锋利。

3. 切制的基本功

切片是一项基本功，不是一两天可以练成的，靠的是勤奋、苦练，从中摸索出窍门，再得出经验。特别是切薄片，左手推进的距离与刀床、刀片的角度一定要控制好。

影响切片质量的因素主要有以下几方面。

（1）拖片：药材未完全切断，饮片之间相互牵连。此是药材软化时，外部含水过多或刀具不锋利所致。

（2）脱皮与炸心：前者药材切片后，切片的外层与内层相脱离，形成圆圈和圆心两部分。后者药材切制时，其髓芯随刀具向下的力而破碎。此是药材软化时，闷润不当，内外软硬度不同所致。

（3）败片：同种药材切成的饮片不同，有阴阳片、半片、破碎片等。这主要是操作技术欠佳所致。

（4）翘片：饮片边缘卷翘而不平等，此是药材软化时内部含水过多所致。

（5）变色与气味：前者饮片干燥后失去原药材的色泽，后者饮片干燥后失去原药材的气味。两者均是药材软化时间或浸泡时间过长，切制后干燥不及时或干燥方法选用不当所致。

西洋参的快速切片方法

热水瓶一个，装上约1/3的开水，用绳将西洋参串联起来，放入开水瓶内，以西洋参不浸入水中为度，绳子另一端留在瓶外，加塞固定。利用热水瓶内的温度和本身开水的水蒸气，使西洋参快速软化，约5分钟后将西洋参取出，以手折无硬心为度，做到随取随切，晒干即得，适用于少量西洋参的切制。

鹿茸的切制

取鹿茸，先刮去或燎去茸毛，用纱布缠茸体（防止在润和蒸制过程中脱皮），用针管灌入黄酒，打入鹿茸，每次打到其溢出为止，一般为2～3天，每天2次。略蒸或烘烤，使其软化，解去布带，趁热切薄片。切片时注意血片、粉片、角片的分档。

（三）炮制

徐老在讲授时要求学以致用，重在实践，熟能生巧，才能发挥医典的作用。如吴茱萸云："闭口者有毒。拣净，并去其梗，泡去枯汁，晒干炒用。"为了降低毒性和燥性，用干草切片加水适量，煎汤去渣，趁热加入净吴茱萸，泡至裂开或煮沸至透，汤液被吸尽，再用微火炒至微干，取出晒干，每100kg吴茱萸，用甘草6.5kg。但煎煮成多少甘草汁是非常重要的一环，加水太多，费时费力，浪费严重；加水太少，达不到炮制的目的。徐老在多年的操作过程中，摸索出了经验：甘草汁一般控制在原药材的18%～20%，用这样的汁水泡吴茱萸，刚被吸尽，泡至透心，既省时少力，又能达到炮制的目的。又如阿胶"止血蒲黄炒，止嗽蛤粉炒"。炒阿胶珠不是一件容易的事，不是“焦煳”“烫死”，就是“溏心”。只有不断的实践，在实践中体会、摸索，方得出经验：控制阿胶块在1cm左右，开始炒时，先用一小块阿胶试之，能迅速膨起，变成深黄色，说明锅内温度已经达到要求，控制一定量的投入，并应迅速翻炒，至鼓起呈圆形，表面深黄色，内无溏心时取出。这些都应在实践中体验，在体验中摸索，在摸索中得到经验。

古人云：“硝黄不畏其俊，乌附不畏其烈，麻桂不畏其散，膏连不畏其寒，皆是辨证论治，炮制得当之卓见；炮制不当，参芪等于砒鸩，归地等于刀刃。可见炮制之重要也。”陈嘉谟谓：“制药贵在适中，不及则功效难求，太过则气味反失”。徐老在几十年的工作中，根据临床医疗的需要，进行了特殊的加工炮制，“两味同打，两味同炒”，习称“小灶”，有其独到之处，颇受欢迎。

1. 两味同打

两味同打是根据临床用药需要，将两味药按一定比例，放在容器内打碎或打烂的一种方法。

（1）五味子同干姜：先将干姜剪碎，与五味子同时放入冲筒打成粗粉，均匀即可。五味子酸温，敛肺止汗、滋肾涩精，干姜辛温，温中祛寒。两味经同打后，可使五味子降低酸性，干姜减低辛味，从而增强温肺散寒的功效。

（2）鲜生地打淡豆豉：先将淡豆豉倒入冲筒内打碎，再将鲜生地投入冲筒内，一同打至均匀即可。鲜生地甘寒，清热滋阴、凉血止血，淡豆豉辛温，解肌表、消烦热。经同打后，以获表里中和之效，专治表热轻，里热重之症，也是表里同治的一种用药方法。

（3）砂仁打熟地：将砂仁先打成细粉，待用，再将熟地置容器内打烂，再加入砂仁粉同熟地一道打，打匀即可。熟地甘而温，补血滋阴。砂仁辛温，行气宽胸止泻安胎，因熟地为腻滞碍胃之品，用砂仁芳香行气，开胃宽中，以制熟地腻滞之性。

2. 两味同炒

两味同炒是根据临床用药的需要和要求，将两味药按一定的比例进行特殊加工炮制的一种方法。

（1）枳壳炒白术：将锅烧热，撒入麦麸，待烟起，先投入白术，翻炒至颜色稍深，再加入枳壳一同炒，炒至黄褐色时取出，筛去麦麸，放凉。枳壳苦寒理气，消积化痰。白术苦甘温，健脾化湿。经同炒后，能缓和药性，补消并行，适用于脾胃湿困，气滞痰积，胸腹胀满。

（2）乳香炒丝瓜络：用生乳香研成粗粉，先倒入锅内，使乳香贴附于锅底，用文火加热，待青烟冒透时，将切成条的丝瓜络放入，用铲刀先揿后翻，使丝瓜络两面粘上乳香，炒至微具焦斑为度。乳香苦辛温，活血止痛祛淤。丝瓜络甘平，凉血通络。经同炒过后，增强了通经活络、舒筋火血的功效。

（3）谷芽炒玫瑰花：先将谷芽放入锅内，用文火炒至较深，微有香气时，加入用清水喷潮的玫瑰花，一同炒至玫瑰花香溢出，谷芽微具焦斑时取出。玫瑰花为芳香之剂，有运化肝气的作用。谷芽为消导之品，二味同炒后，能因玫瑰花芳香行气，而增强开胃、补气、消化之功。

（4）白芍炒桂枝：先将干净的生白芍用清水喷洒湿润，倒入已加热的锅内，用文火加热翻到冒热气，随后将粗细均匀的桂枝倒入，共同炒至微具焦斑即可。白芍苦酸微寒，有平肝、和血止痛的功效；桂枝辛甘温，有和气血而散寒的功效。此法用桂枝之性温来调和白芍之苦寒，增强和气养血止痛散寒之功效。

（5）吴茱萸炒黄连：先将黄连放入已加热的锅内，用文火翻至颜色稍变深，而后加入吴茱萸，同炒至微具焦斑为度。吴茱萸辛温，可温中解郁；黄连苦寒，可泻火解毒、清热燥湿。经同炒后，使黄连苦寒之性不致太过，适用于肝气郁滞而化热、肝热犯胃而引起呕吐的胃痛。

（四）浅谈高温锅锻制枯矾的方法

白矾为天然三方晶系矾石或其他铝矿石经提炼制成的硫酸铝钾结晶体，主产于浙江、安徽、湖北等地。白矾经高温煅制处理后的成品为枯矾。

煅制枯矾的传统方法是：取原药，捣碎，置锅内，用烈火加热熔化，煅至水气逸尽质地松脆时，铲出，摊凉，研成细粉，过60目筛。

由于传统经验没有说明锅内温度、原药量多少及煅锅口径大小等具体数据，所以实际煅制时并无参考数据。如果煅制过程中结晶水蒸发不尽，会产生积底夹生不透等情况，从而影响用药质量。为了更好地提高煅制枯矾质量和工作效率，降低能源消耗，笔者介绍一种用高温锅煅制枯矾的方法。

1. 制作前准备

取口径为78cm的铁锅一口，铁铲一把。分别将锅、铲洗擦洁净，不留杂质残物，以保持成品的白净。然后将铁锅置炉灶上（铁锅应大于锅灶口径），使锅身高出锅灶水平面6～8cm，待用。

2. 高温锅煅制

取原药，除去杂质，选玻璃样光泽白净的优质白矾，粉碎过18目筛。铁锅用武火加热至锅体40%见红时，取白矾粉500克，迅速撒入锅内，令白矾均匀摊开于红锅面（厚1～1.5cm），使其受热均匀，易熔发泡。待2～3分钟后锅沿部分白矾水气逸尽，呈蜂窝状，但仍可见小量聚集在锅心的白矾因水气未净在沸腾。此时可用戴手套的双手将锅倾斜旋转，令其缓缓移动1～2圈，使其沸腾的白矾向周边流动，以加速使水蒸发，然后先将锅沿的枯矾徐徐铲出，对尚有部分在锅脐上而未煅透的枯矾，可将其铲起翻身，使其继续在高温锅中煅制，煅至水气逸尽，洁白色，无光泽，呈蜂窝状块时铲出，摊凉、碾碎即可。

3. 优点

（1）容易煅透：将传统取原药捣碎煅制，改进为粉碎煅制，可使其表面积增大，在高温锅煅烧时传热系数大，容易撇胀熔化，加速结晶水的蒸发逸尽，从而革除在煅制中极易出现的“积底”“夹生”“僵化”的弊端。

（2）降低能耗：我院从事枯矾煅制已有30余年历史，在78cm口径铁锅中，每次制白矾500克，其操作只需10分钟左右即可制成；与传统煅制相比，具有时间短、操作简单、能源消耗低的优点。

（3）质量稳定：白矾高温锅煅烧时脱水一致，且随时将锅沿成熟的枯矾徐徐铲出，则可提高产量。如我院每煅制10kg白矾，得枯矾5kg，其成品率为50%，故比江西省《樟树中药传统炮制》规定量40%提高了10%，且外观性状白净质松脆。

4. 注意事项

（1）高温锅撒入白矾粉末后，中途不得停火降温或搅拌，否则会导致煅制不透。

（2）每锅下料不宜过多，一般按锅口径大小而定。如35cm的小锅，通常用原料约250克，78cm的锅投料一次以500克为宜。如投量过多则孔眼会被堵塞，产生中间隔生块或积底，从而耽误煅烧时间、煅烧质量。

（3）双手移动锅时，注意火势上窜。双手宜戴手套操作，以防烫伤。

（4）白矾含硫酸铝钾，在加热蒸发结晶水时，会产生有毒气体，宜在空气流畅、空旷地段煅制。

（五）苦杏仁不同炮制品在复方汤剂中苦杏仁苷的含量比较

以止咳平喘为主要治疗作用的苦杏仁，在煎液中苦杏仁苷煎出含量的高低与该剂的质量和疗效有直接关系。以流通蒸汽将苦杏仁蒸至上气，再维持30分钟的炮制方法，能有效减少苦杏仁苷在炮制过程中的损失，并能使苦杏仁酶完全破坏。

为进一步探讨该蒸法炮制苦杏仁对复方汤剂质量的影响，我们将苦杏仁蒸制品、生品及不同炮制品在复方汤剂中苦杏仁苷煎出含量进行了测定、比较，得出：蒸苦杏仁在复方汤剂中，苦杏仁苷含量相当于生苦杏仁在复方汤剂中苦杏仁苷含量的146.3%，也显著高于燀法制品在相同复方汤剂中苦杏仁苷的含量。因此我们认为，将燀苦杏仁改为以流通蒸汽蒸至上气再维持30分钟的方法炮制，对增加汤剂中苦杏仁苷含量、提高汤剂质量有极显著效果。

《中国药典》（2015年版）收载有生苦杏仁入煎剂后下，以达到迅速破坏苦杏仁酶、提高煎液中苦杏仁苷含量的目的。同时生苦杏仁捣碎后苦杏仁苷极不稳定，其粗粉在室温干燥条件下存放3天，苦杏仁苷即可损失20%，且生苦杏仁入煎剂须单包后下，增加了配方工作量。故在实际应用中并未推广，而按上述蒸法炮制苦杏仁，不仅能有效地减少苦杏仁苷在炮制过程中的损失，苦杏仁酶被破坏完全，从而有效地提高汤剂中苦杏仁苷的含量，充分发挥药效，且方法简单，省工省力，节约药材，因此大有推广应用的价值。

第三节　丸散膏丹，独擅胜场

（一）中药药剂的起源与发展

中药药剂的起源可追溯至夏禹时代（公元前2140年），那时已经能酿酒，并有多种药物浸制而成的药酒。酿酒同时又发现了曲（酵母），曲剂具有健脾胃、助消化、消积导滞的功效，是一种早期应用的复合酶制剂，至今仍在应用。

商汤时期（公元前1766年），伊尹首创汤剂，并总结了《汤液经》，其为我国最早的方剂与制药技术专著，汤剂至今仍是中医用药的常用剂型。药酒、汤剂是中药重要剂型，可见中药药剂的创用远在希波克拉底（公元前460年～公元前377年）及格林（131～201年）之前。

战国时期（公元前221年以前），我国现存的第一部医药经典著作《黄帝内经》提出了“君、臣、佐、使”的组方原则，同时还在《汤液醪醴论》中论述了汤液醪醴的制法和作用，并记载了汤、丸、散、膏、药酒等不同剂型及其制法。

秦、汉时代（公元前221年～公元219年），是我国药剂学理论与技术显著发展的时期。马王堆汉墓出土文物《五十二病方》中用药除外敷和内服外，尚有药浴法、烟熏或蒸汽熏法、药物熨法等记载，药物剂型最常用的是丸剂，其制法及应用为：以酒制丸，内服；以油脂制丸；以醋制丸，外用于熨法；制成丸后，粉碎入酒吞服等记载。

东汉时期成书的《神农本草经》是现存最早的本草专著。该书论及了制药理论和制备法则，序例指出：“药性有宜丸者，宜散者，宜水煎者，宜酒渍者，宜煎膏者，亦有一物兼宜者，亦有不可入汤酒者，并随药性，不得违越。”强调根据药物性质需要选择剂型。

东汉末年，张仲景的《伤寒论》和《金匮要略》记载了煎剂、丸剂、散剂、浸膏剂、软膏剂、酒剂、栓剂、脏器制剂等十余种剂型及其制备方法。

晋代葛洪著《肘后备急方》八卷，记载了铅硬膏、蜡丸、锭剂、条剂、药膏剂、灸剂、熨剂、饼剂、尿道栓剂等多种剂型，并首次提出“成药剂”的概念，主张批量生产贮备，供急需之用。

梁代陶弘景在《本草经集注》中提出以治病的需要来确定剂型，指出“疾有宜服丸者，宜服散者，宜服汤者，宜服酒者，宜服膏煎者”；在序例中附有“合药分剂料理法则”，指出药物的产地和采治方法对其疗效有影响；书中考证了古今度量衡，并规定了汤、丸、散、膏、药酒的制作常规，实为近代制剂工艺规程的雏形。

唐代显庆四年（659年）由政府组织编纂并颁布了《新修本草》，它是我国最早的一部由政府颁布的药典。

唐代孙思邈《备急千金要方》和《千金翼方》分别收载成方5300首和2000余首，有汤剂、丸剂、散剂、膏剂、丹剂、灸剂等剂型。其中著名的成药有磁朱丸、紫雪、定志丸等，至今沿用不衰。《备急千金要方》设有制药总论专章，叙述了制药理论、工艺和质量问题，促进了中药药剂学的发展。王焘所著的《外台秘要》收方6000余首，在每个病名的门下都附有处方、制备方法等。

宋、元时期（960～1367年），中药成方制剂得到巨大发展，中药制剂初具规模。1080年由太医院颁布、陈师文等校正的《太平惠民和剂局方》，共收载中药制剂788首，卷首有“和剂局方指南总论”，文中对“处方”“合药”“服饵”“服药食忌”和“药石炮制”等均作专章讨论，为我国历史上第一部由官方颁发的制剂规范，也是世界上最早的具有药典性质的药剂方典。书中收载的很多方剂和制法至今仍为传统中成药制备与应用时所沿用，该书可视为中药药剂发展史上的第一个里程碑。

此外，民间方书《小儿药证直诀》《金匮要略方论》《济生方》《普济本事方》亦收载了很多疗效确切的中药制剂，如抱龙丸、七味白术散、六味地黄丸等。

明、清时期（1369～1911年），中药成方及其剂型也有相应的充实和提高。例如，《普济方》对外用的膏药、丹药及药酒列专篇介绍。明代李时珍《本草纲目》中载药1892种，附方剂1300余首，剂型近40种，附图1000多幅。该书是对我国16世纪以前本草学的全面总结，论述范围广泛，内容丰富，对方剂学、药剂学等学科都有重大贡献。有多种文字的译本，成为国内外公认的药学巨著。清代赵学敏《本草纲目拾遗》对民间草药作了广泛收集与整理，全书共载药物921种，新增的就有716种之多，大大丰富了我国药学宝库。另外，《证治准绳》中的二至丸、水陆二仙丹，《外科正宗》中的冰硼散、如意金黄散等一直沿用至今。《理瀹骈文》系统论述了中药外用膏剂的制备与应用。但鸦片战争后的百年间，由于外敌入侵，大量洋药、伪药流入我国，严重地摧残了国内制药工业，束缚了中医药学的发展。

中华人民共和国成立后，政府制订了一系列卫生工作方针与政策，特别是中医政策的逐步贯彻，使中医药事业的发展有了转机。1958年以来，全国各地掀起学习中医、研究中药剂型的高潮，中药片剂、注射剂、颗粒剂（冲剂）、涂膜剂和气雾剂等开始成功地应用于临床。不少高校设置了中药专业。建立了中药研究机构。对“作坊”式的中药生产厂进行了调整、改造和扩建。1962年出版了《全国中药成药处方集》，收载成方6000余首，中成药2700余种，是继宋代《太平惠民和剂局方》后又一次中成药的大汇集，起到了承前启后的重要作用。

20世纪70年代后期至80年代中期，中药研究在全国范围内又一次蓬勃发展，出现了多学科综合研究的可喜局面，发现了大批有效中草药（如穿心莲、毛冬青、四季青、满山红等）、有效部位和有效成分（如青蒿素、川芎嗪、喜树碱、穿心莲内酯、靛玉红、人参总皂苷等）；研制开发出很多新剂型、新制剂，其中抗疟药青蒿素的研究处于国际领先地位，现已有青蒿素栓、青蒿琥珀酯片和注射用青蒿琥珀酯等制剂，对脑型疟疾及各种危重疟疾的抢救有特效，已得到世界卫生组织的认可和推广；中药制药机械与技术也得到了飞速发展，如采用多能罐提取、微孔薄膜滤过、超滤、真空浓缩、薄膜浓缩、喷雾干燥、沸腾干燥、一步制粒、悬浮包衣等新技术。制剂的检验方法和质量标准也有了较大的改进和提高，特别是充分利用高效液相色谱法、气相色谱法、薄层扫描法、薄层色谱-分光光度法、紫外分光光度法等现代分析仪器测定中药制剂中有效成分或指标成分的含量，以评估其内在质量，保证了制剂的质量，提高了产品在市场上的竞争力。现代科学技术的发展推动了中医药事业的不断进步。中药研究在过去发掘、整理、提高的基础上，正向系统化、科学化和现代化方向探索发展。

（二）丸剂

丸剂是指中药细粉或中药提取物中加适宜的黏合剂或其他辅料制成球形或类球形的剂型，主要供内服。丸剂是中药传统剂型之一。早在《五十二病方》中对丸剂的名称、处方、规格、剂量，以及服用方法就有记述。宋代《太平惠民和剂局方》记载方剂788个，其中有丸剂284个，占36%。《伤寒论》和《金匮要略》中已有用蜂蜜、糖、淀粉糊、动物药汁作丸剂黏合剂的记载。金元时代始有丸剂包衣。明代有朱砂包衣，一直沿用至今，如七珍丸、梅花点舌丸、妇科通经丸等。清代有用川蜡为衣料，这是肠溶衣丸的原始。

20世纪80年代以来，由于科技的进步，中药制药机械有了较大的发展，使中药制药逐步摆脱了手工作坊式制作，发展成为工业化批量生产。目前，丸剂品种在中成药中所占比例最大，《中国药典》（1990年版）一部丸剂占制剂总数54.5%，《中国药典》（1995年版）一部丸剂占制剂总数50%，《中国药典》（2000年版）一部收载丸剂208个，占制剂总数43.2%，《中国药典》2005年版一部收载丸剂221个，占制剂总数39%。浓缩丸、滴丸等新型丸剂，由于制法简便、剂量小、疗效好，受到重视，在中药新药研制开发中已成为首选剂型之一。

丸剂具有以下特点。①传统的丸剂作用迟缓，多用于慢性病的治疗。与汤剂、散剂等比较，传统的水丸、蜜丸、糊丸、蜡丸内服后在胃肠道中溶散缓慢，发挥药效迟缓，但作用持久，故多用于慢性病的治疗。正如李东垣所说："丸者缓也，不能速去病，舒缓而治之也。"②某些新型丸剂可用于急救。如苏冰滴丸、复方丹参滴丸、麝香保心丸等，由于是药物提取的有效成分或化学物质与水溶性基质制成的丸剂，故溶化快，奏效迅速。③可缓和某些药物的毒副作用。有些毒性、刺激性药物，可通过选用赋形剂，如制成糊丸、蜡丸，以延缓其吸收，减弱毒性和不良反应。④可减缓某些药物成分的挥散。有些芳香性药物或有特殊不良气味的药物，可通过制丸工艺，使其在丸剂中心层，减缓其挥散。⑤丸剂的缺点为：服用剂量大，小儿服用困难，尤其是水丸融散时限难以控制，原料多以原粉入药，微生物易超标。

例　六味地黄丸

【成分】熟地黄、山茱萸（制）、牡丹皮、山药、茯苓、泽泻。

【性状】本品为棕黑色的水蜜丸、水丸、棕褐色至黑褐色的小蜜丸或大蜜丸，味甜而酸。

【功能主治】滋阴补肾。用于肾阴亏损，头晕耳鸣，腰膝酸软，骨蒸潮热，盗汗遗精，消渴。

【用法用量】口服，水蜜丸一次6g，水丸一次5g，小蜜丸一次9g，大蜜丸一次1丸，每日2次。

（三）散剂

散剂是指中药或中药提取物经粉碎、均匀混合制成的粉末状制剂。散剂是传统剂型之一，在我国早期的医药典籍《黄帝内经》中已有散剂的记载。《伤寒论》《金匮要略》中记载散剂达50余方，《名医别录》中对散剂的粉碎方法已有"先切细曝燥乃捣，有各捣者，有合捣者"的论述。这些制备原则至今仍在沿用。散剂历代应用颇多，迄今仍为常用剂型之一，其制法也有了进一步的发展。

散剂表面积较大，因而具有易分散、奏效快的特点。古代早有"散者散也，去急病用之"的记载。此外，散剂制法简便，剂量可随意增减，运输携带方便，当不便服用丸、片、胶囊等剂型时，均可改用散剂。但由于药物粉碎后，比表面积加大，故其臭味、刺激性、吸湿性及化学活性也相应增加，使部分药物易起变化，挥发性成分易散失。所以一些腐蚀性强及易吸潮变质的药物，不宜配成散剂。

散剂可按以下四种方法分类。①按医疗用途：可分为内服散剂与外用散剂。内服散剂如乌贝散、益元散等。外用散剂如金黄散、冰硼散等。有的散剂既可以内服，又可以外用，如七厘散。②按药物组成：可分为单味药散剂和复方散剂，前者如蔻仁散、川贝散等，后者如婴儿散、活血止痛散等。③按药物性质：可分为含毒性药散剂，如九分散、九一散等；含液体成分散剂，如蛇胆川贝散、紫雪等；含低熔成分散剂，如避瘟散、痱子粉等。④按剂量：可分为单剂量型散剂与多剂量型散剂。

例 外用溃疡散

【成分】寒水石（凉制）、雄黄、朱砂、银朱、石决明（煅）、冰片、人工麝香。

【性状】本品为粉红色极细粉末；气香，味苦。

【功能主治】生肌，收敛。用于口舌生疮，溃疡，咽喉红肿，皮肤溃烂，外伤感染，宫颈糜烂。

【用法用量】外用，涂患处。口腔用细管吹入，每次少量，每日数次；敷料用专用器具放入，每次1支，每日1次，临睡前使用。

【禁忌】孕妇禁用。

（四）膏剂

滋补膏为中药传统剂型之一。每逢冬令，根据中医滋阴、补气、补肾、调理脾胃的原则，拟出方药，经煎煮后制成稠厚状半流质制剂，习称“膏滋”。膏方作用繁多，可补虚扶弱，抗衰延年，纠正亚健康状态，防病治病，减肥，美容，安神，益智，助长，调节免疫，清除自由基，增强内分泌调节功能，调整中枢神经功能，促进物质代谢，改善血液循环，预防基因突变，是防止衰老、延年益寿的良药。

浙江省中医院冬令滋补膏方的历史由来已久，是省内最早开始煎制冬令滋补膏的单位。徐老多年亲自煎制、带徒传承，根据自己多年的实践和研究，形成一套相对完备的煎制流程，对煎煮中水与药的比例、时间、火候、浓缩程度等作了一系列的摸索，以使这古老剂型在临床上可以发挥更大的效用。

1. 药料的煎煮

（1）水与药的比例：滋补膏的煎煮，均以水为溶媒，由于药材质地、吸水性能不同，所以加水量也不同。加水过多，增加浓缩时间，使含挥发油药材受热时间过长而损失有效成分；加水不足，则会造成溶质与溶媒平衡，有效成分无法煎出，含量不足，影响质量。徐老认为：草类、花类加水量应为药材10倍为宜，贝壳类、矿石类加水量则为药材5倍为好。煎煮3次，头煎加水为总水量的5/10，二煎为3/10，剩余水量均在三煎中加入。

（2）煎煮时间及火候：滋补膏组方以滋补药为主，大多含糖类、蛋白质等，应使水分充分渗透到药材组织内部，增加有效成分浸出率。因此头煎前应先将药材在冷水中浸泡4～8小时，再加热煮沸，其目的是增加有效成分的渗出率。煎煮时，药材的上层与下层、煎锅的锅边与锅心、受热及接触水面的面积均不同，因此须不断搅拌。待煮沸后1小时，倒出药汁过80目铜筛另置。二煎则需注意，为防止已受热药材表面出现积皮现象（特别是含淀粉类药材），应加40～60℃温水进行煎煮，煮沸后1小时，取汁过筛另置。三煎根据同样的原理，加温水煮沸30分钟，取汁过筛，合并三汁。此时，药材经三次煎煮后，内部组织膨胀，药渣内含有一定数量的药汁，可将药渣装入粗布袋内，放入榨床上挤压，可得原药重量1∶1的药汁。

为了提高膏的质量，掌握好一定的火候也相当重要。煎煮初期应用武火加温（火苗顶锅），待药汁煮沸后则改用文火（火苗离锅底4/5），以保持锅内微沸为宜，其目的是防止锅底药材焦化和药汁被药渣重新吸收。二、三煎加温水煮沸方法同上。

2. 清膏的浓缩

将上述3次药汁过100目铜筛或2层纱布，入铜锅内加温，并随时除去浮休（习称膏花），至药汁转浓，约为生药的2倍时，改用文火加热，防止产生结底焦化，需要不断搅拌，通过此法浓缩煎制而得的膏，习称“清膏”。

3. 烊胶

滋补膏分为“荤膏”及“素膏”两类。荤膏即用阿胶、鹿角胶、龟板胶等动物胶类收膏；素膏即单用糖类收膏。

在煎煮荤膏时，如将胶类直接投入清膏内，极易产生结底焦化的现象，从而影响质量；而动物胶类又含有腥气，若直接投入清膏煎煮，则会使滋补膏气味难闻。为防止上述情况产生，可将等量的动物胶类与黄酒置于有盖锅内浸泡1～2天后，再加入等量药汁，盖紧锅盖，将其置于沸水中水浴加热2小时（或蒸1小时），然后不断搅拌直至胶类全部熔化，此过程称为烊胶。胶类全部熔化后，应趁热过滤，保温备用。

4. 炼糖

滋补膏在收膏过程中需要添加适量的糖，除冰糖、饴糖以外，蜜糖、蔗糖等均需要先行熬炼。

（1）炼蜜：取蜜糖置于加热锅内（蜜糖量为加热锅容量的1/3），文火加热，沸后不断用60目铜筛捞出死蜂及泡沫，炼至色转棕黄，具香气时取出，保温备用。

（2）炒糖：将蔗糖置于加热铜锅内，文火加热，不断翻炒至全部融化，蔗糖颜色由白转黄，发泡后略冒清白烟，具有糖的清香气，口尝有鲜橘味。蔗糖全融变色冒烟后取出，保温待用。

5. 贵重药品的预加工

对人参、鹿茸、沉香等贵重药品须在煎煮前作如下处理。

（1）人参：取人参切薄片，置有盖容器内，加5倍水，文火炖1小时，取头汁。二、三煎各加3倍水，文火炖1小时，取汁去渣，合并三汁，保温备用。

（2）鹿茸：预加工有两种方法。①取鹿茸用黄酒浸润2～3天，蒸软切薄片后，使之充分干燥，置高速粉碎机中打细粉，过100目筛直至渣净。将上述细粉加入快出锅的膏内煎煮10分钟，即可出锅，此法也适宜沉香、砂仁等药。②将已切薄片鹿茸置锅内，加15倍水，文火煎2小时，取头汁另置。二、三煎各加5倍水，文火煎1小时，合并三汁，趁热过滤，保温待用。

6. 某些果品的预加工

（1）龙眼肉、红枣：将龙眼肉切丝、红枣轧扁，头汁加10倍水，文火煎1小时，用纱布将果品中的果汁挤尽。二、三煎各加5倍水，文火煎1小时，按上法将汁挤尽，合并三汁，过80目筛，保温待用。

（2）核桃肉：核桃去壳取仁，置加热锅内，文火炒至外表皮色转深，香气外溢，口尝无涩味取出放冷，除去外衣，切成绿豆大小的颗粒，放入已消毒容器内，待膏制成后，冲入膏内。

7. 收膏

将上述各种清膏用文火加热，浓缩至1：1体积时，加入已熔化的胶类及经炼制后的糖类，边加边搅拌，减弱火候，以防结底焦化。如有人参汁等细料，可在出膏前加入。

滋补膏收膏，凭经验判断，即用膏板挑起锅内浓缩膏，呈水平面放置5～10秒（室温不得低于5℃），再将膏板放置成90°，膏呈小薄片状流下，此法习称“拉大旗”，此时应立刻将膏取出。存放滋补膏的容器，应经过灭菌消毒，以便保存。

（五）丹药

丹药是指用汞及某些矿物药，在高温条件下经烧制成的不同结晶形状的无机化合物。但在中医药古籍中对多种制剂也冠以“丹”字，以示疗效灵验，且一直沿用至今，如丸剂大活络丹、锭剂玉枢丹、液体制剂化癖丹等。也有以药剂色赤者为丹，如红灵丹。丹药在中国已有两千多年历史。目前仍用于中医外科，并有确切的疗效。它是我国劳动人民长期与疾病做斗争中，以及在冶炼技术的基础上发展起来的，在《周礼·天官》曾载“疡医疗疡，以五毒攻之”。郑康成注谓：“今医方有五毒之药，作之，合黄渣，置石胆、丹砂、雄黄、矾石、磁石其中，烧之三日三夜，其烟上者，鸡羽扫取用以注疮，恶肉破骨则尽出也。”在秦代以后，特别是魏晋南北朝时期，炼丹取得了突出成绩。中国历史上最著名的炼丹家要数晋代名医葛洪。他是一位兼通医药的著名的炼丹家，他继承了前人的理论，通过实验，总结了当时炼丹的经验，写成了《抱朴子内篇》，内载“丹砂烧之成水银，积变又还成丹砂”，对炼丹术及后代化学、冶金等贡献很大。葛洪除了用汞、硫化汞、铅、砷化合物等以外，还用了许多不是很纯的化合物，如胆石、硝石、赤石脂、矾石、磁石、云母、囟盐等作为炼丹的原料，从而使炼丹术本身积累了许多化学知识。唐代炼丹术得到空前的发展，丹剂的发展演变也导致了我国的四大发明之一火药的出现，唐初孙思邈被认为是黑色火药的发明人，他提出伏硫黄法，认为硝石、硫黄、皂解和木炭粉混合，可产生猛烈燃烧。至明清两代，丹药已成为中医外科的重要药品。

丹药按其制备方法不同可分为升丹和降丹。升丹中最常用的是红升丹，又称“三仙丹”“红粉”等；成品呈黄色者称为黄升丹，化学成分与红升丹基本相同。红升丹为红色氧化汞，是较高温度下炼制的产品。黄升丹为黄色氧化汞，是较低温度下炼制的产品。降丹中常用的是白降丹，又称“降药”“白灵药”“水火丹”等。丹药也有按其色泽分为红丹与白丹两大类型。红丹主要成分为汞的氧化物；白丹为汞的氯化物，其中白升丹又称“轻粉”，主要成分为氯化亚汞；白降丹主要成分为氯化汞。

中医学认为，丹药具有提脓、去腐、生肌燥湿、杀虫等功用，主要应用于中医外科，治疗疮疖、痈疽、疔、瘘、瘰疬、骨髓炎等。其特点是用量少，价廉易得，药效确切，用法多样化，可配成散剂、钉剂、药线、药条和外用膏剂。目前临床上常用于治疗体表急慢性化脓感染、慢性窦道炎、骨结核、慢性骨髓炎切口后感染、淋巴结核、皮肤恶性肿瘤、牛皮癣、复发性丹毒等外科疾病，也有人用白降丹治疗风湿性关节炎、坐骨神经痛等内科疾病。据报道，用白降丹膏药选贴适当穴位可治疗咳嗽、哮喘、牙痛、腰扭伤、关节痛、坐骨神经痛等。将红粉制成糊剂作牙髓永久充填，可促进根尖的钙化、闭锁。

丹药毒性较大，一般不可内服，并在使用中要注意剂量和应用部位，以免引起重金属中毒。成人氧化汞的中毒量为0.1～0.2g，致死量为0.3～0.5g。氯化亚汞中毒量为1～3g。由于丹剂具有一定的毒性，制备过程比较复杂，在临床的使用有减少的趋势。

第四节　斫轮老手，素负盛名

祖国医药学是中华民族的优秀文化遗产之一，几千年来为中华民族的繁衍昌盛做出了巨大贡献。徐老认为我们作为炎黄子孙，有责任继承和发扬祖国的传统医药学。而要发掘祖国医药学遗产，促进中医药学术发展，首要任务是继承。

继承的第一步是学习经典，徐老在近80载的中药工作中，分析了中医药发展沿革，认为后世著名医学家在理论和实践方面都是在前人基础上得到发展和创新。如《神农本草经》是我国的第一部本草，成书于东汉末期，它是在“尝百草之滋味，一日而遇七十毒”的基础上，经过反复实践总结而成。全书共3卷，共载药物365种，并记载了药物的性味、功能、主治、用法等，所载药物大多朴实有验，至今仍然普遍应用，如常山抗疟、黄连治痢、乌头止痛、苦楝子驱虫、麻黄定喘、当归调经、阿胶止血等。《神农本草经》是汉代以前药学知识和经验的总结，也为中药学的发展奠定了初步基础。

宋代陶弘景搜集和整理了历代使用药物的经验，写成了《神农本草经集注》，对魏晋以来300余年的药学发展做了总结，载药达730种，又创用按药物自然属性分类的方法，并对药物产地、采制加工、真伪鉴别等都有较详细的论述。唐代，由政府指派李勣、苏敬等在前人本草的基础上主持编著了《新修本草》，即《唐本草》，全书收载药物844种，书中还增加了药物图谱，并附以文字说明，这种图文对照方法，开创了世界药学的先例，无论形式和内容，都有崭新的特色，不仅反映了唐代药学的高度成就，对后来药学的发展也有较深的影响。此书当时由政府颁行，可算是我国，甚至是世界的第一部药典。明代伟大的医药学家李时珍，以毕生精力，广搜博采，实地考察，亲历实践，以《证类本草》为蓝本，书考八百余家，岁历州稔，稿凡三易，终于写成了巨著《本草纲目》，这是我国科技史上极其辉煌的成果。就是这样代代相传，使本草更趋完善。

徐老认为，我国古代本草，各个时期都有它的成就和发展。历代相承，日益繁富，记录了我国劳动人民在药学方面的创造性和高度成就，包含着丰富的实践经验和理论知识。如《新修本草》记载："凡汤中完物，皆擘破，干枣，枝子，栝楼之类也""细华之物正尔完用之，旋覆花，菊花，地肤子，葵子之类是也""惟螵蛸当中破之，生姜，夜干皆薄切""凡用蜜，皆先火上煎，掠去其沫，令色微黄，则丸经久不坏。克之多少，随蜜精细"，等等。皆有其理，至今还在沿用。又如怀山药的加工炮制，加工时不宜暴晒，暴晒会使山药露筋；不宜用灯匾、竹匾，灯匾、竹匾之不洁将会染污药物，而影响药物外观；却宜烘干，并将烘箱温度控制在60～80℃，以免烘焦，影响色泽。又如黄连以"其根连珠而色黄故名"；升麻以"其叶如麻，其性上升而故名"；远志"次草服久能益智强志，故有远志之称"；沉香"交趾密香树，彼人取之，先断其积年老木根，经年其外皮干俱枯烂，木心与枝节不坏，坚黑沉水者，即沉香也；半沉半浮与水面平者，为鸡骨香；细枝坚实未烂者，为清挂香；其干为栈香；其根为黄熟香；其根节轻而大者，为马蹄香。此物同出一树，有精细之异尔"；辛夷"辛夷花未发时，苞如小桃子，有毛，故曰候桃。初发如笔头，此人呼为木笔。其花最早，南人呼为迎春"；金银花"新旧相参，黄白相映，故呼金银花"；血竭"此物如干血，故谓之血竭"；枸杞子"枸、杞二树名。此物棘如枸之刺，茎如杞之条，故兼名之"等。中药是一个伟大的宝库，内容之丰富，知识之深奥，如是之。徐老要求我们熟读经典，继承祖业，发掘整理，古为今用。

徐老认为，继承的目的在于整理、提高，弃之谬误，使中医药在不断的发展中创新，显示其强大的生命力。如《新修本草》中记载："凡用麦冬、皆微润抽去心，杏仁、桃仁汤柔挞去皮"。经过人们的不断摸索和研究，在《中药炮制现代研究》一书中提出，在麦冬去心问题的研究方面，实验表明，麦冬肉与麦冬心的化学成分基本相似，麦冬肉的水浸出物高于麦冬心，分别为74.19%和50.74%，但冬麦心约占全麦冬的3%。经17位服带心麦冬，未发现心烦的表现，故建议麦冬入煎时可以不去心，切碎或砸扁即可。苦杏仁去皮尖，主要是认为皮尖有毒，但现代研究证明，苦杏仁皮中含少量的苦杏仁苷，经测定，苦杏仁中含氢氰酸0.27%，而种皮中只含0.09%，且种皮重量约占整个苦杏仁重量的4%，以50倍剂量作小鼠毒性实验，并未见异常，所以苦杏仁去皮与否对其质量影响不大，但捣碎非常重要，杏仁不去皮即减少脱皮这一烦琐的工序，又可充分利用药材。

徐老要学生阅读经典，继承前贤，弃之谬误，整理提高的同时，不要拘泥经典，还要尽可能多地阅览近代或当代著作文献，多探讨研究，拓展思路，更新观念，汲取新知，使中医药更好地为患者服务。

历代本草，是我国劳动人民在同疾病做斗争的过程中通过不断尝试，逐渐积累的宝贵经验和丰富史料。这些医药实践知识开始只能师承口授，后来有了文字，便逐渐被记录下来，这就是本草的萌芽。后经不断积累，发展，编写出本草著作。最早的《神农本草经》就是在此基础上编写而成，并在序录中记载："有毒无毒，阴干暴干，采造时月，生熟，土地所出，真伪陈新，并各有法。"这对药物的产地，采集时间，方法及辨别药物形态，真伪重要性，有一些原则性的概括。梁代陶弘景在《本草经集注》谓："今出近道蔡州者，最长大柔润。其茎有节似牛膝，故以为名也。"这对牛膝的描述生动形象且通俗易懂。《本草从新》对党参的记载："参须上党者为佳，今真党参久已难得，肆中所卖党参，种类甚多，皆不堪用，唯防党性味和平足贵，根有狮子盘头者真，硬纹者伪也"。这对党参的产地、性味、真假鉴别，提供了一定的证据。

对五味子的描述，苏颂在《图经本草》中谓："五味，皮肉甘，酸，核中辛，苦，都有咸味，此则五味俱也"。又谓："春初生苗，引赤蔓于高木，其长六七尺。叶尖圆以杏叶，五四月开黄白花，类莲花状。七月成实，丛生茎端如豌豆许大，生青熟红紫"。李时珍在《本草纲目》中谓："五味今有南北之分，南产者色红，北产者色黑，如滋补药必用北产者乃良。"本草从五味子的五味，到其生长的形态，结果的时间，果实的大小、形状，产地，质量等做出了详细的描述概括。

这些宝贵的经验和鉴别中药材的丰富史料，是祖国药学的财富，是后人必学之书，是学中药的基础。徐老在几十年的工作中，孜孜不倦，认真学习，深刻领会，并做了大量的笔记，汲其精华，去其糟粕，为自己所用，为做好中药工作打下了坚实的基础。徐老还谆谆教诲我们："祖国医学是个宝库，要认真学习，发掘、整理并加以提高，为中药材的加工炮制科学化，药

材鉴别的标准化、规范化做一点贡献。”

中药在漫长的应用过程中，由于种种原因，某些药物的品种在各个历史时期和各个地方不尽相同，浙江省也存在这种现象。《浙江省中药炮制规范》是浙江省的地方标准，经与《中国药典》（2015年版）对照，某些中药所用品种并不一致，给正确处方付药造成疑难。

一、常用中药，深入研究，弃之糟粕，徐老提出看法

1. 九节菖蒲

九节菖蒲与石菖蒲原本一物。石菖蒲在《神农本草经》即已收载，谓其“主风寒湿痹，咳逆上气，开心孔补五脏，通九窍，明耳目，出声音，久服轻身，不忘不迷惑，延年”。因药用部位是根茎，故其上有节。古人认为，菖蒲以节密质优，故《别录》有“一寸九节者良”之说。此后菖蒲“一寸九节者良”被历代本草引用，并有因服食一寸九节之菖蒲而得道成仙的传说。然而菖蒲一寸有九节者毕竟罕见，而毛茛科植物阿尔泰银莲花的根茎细瘦节密，一寸中约有九节，被认作是一寸九节之菖蒲，并冠之九节菖蒲之名。然而九节菖蒲到底始于何时尚难考证，仅有抱朴子“服食以一寸九节，紫花者尤善”之说，可能与九节菖蒲有关。因天南星科石菖蒲的花是黄绿色，而阿尔泰银莲花的花瓣状白色或稍带紫色。但在历代本草中均只有菖蒲条，“一寸九节者良”系描述根茎环节之紧密，而无别九节菖蒲之专条。因此将阿尔泰银莲花的根茎作为九节菖蒲，是历史上出现和形成的药材误用。《中国药典》（2015年版）一部已将九节菖蒲删去是正确的，而浙江省现仍按《浙江省中药炮制规范》付方，规范为九节菖蒲付九菖蒲（阿尔泰银莲花的根茎）似属不当，应予以纠正。九节菖蒲就是石菖蒲，应与历代本草和现行《中国药典》（2015年版）一致。

2. 冬葵子

冬葵子首载于《神农本草经》，为锦葵科植物冬葵的种子，以后历代本草均有收载，谓其性味甘寒，具利水滑肠下乳之功，用治二便不利、淋病、水肿、妇女乳汁不下、乳房肿痛等症。古人认为葵性滑利，故将冬葵子作为润肠通便的常用药物。浙江省市售的冬葵子非正品，而是锦葵科植物苘麻的种子，且现行《浙江省中药炮制规范》苘麻子条下的处方应付中明定“写苘麻子、冬葵子均付苘麻子”。这是不妥当的，苘麻子与冬葵子的功用大不相

同，苘麻子性味苦平，功效是清热利湿、解毒、退翳，用于赤白痢疾、眼翳痈肿、瘰痢。《本草纲目》认为苘麻子“主眼翳淤肉，起倒睫拳毛。”且历代各家本草将此两种药物各列专条，并无混用之先例。造成两药混淆现象可能是冬葵子药源较少，又苘麻子的外形与冬葵子有些相像，以苘麻子混充冬葵子的现象就于药市出现，并被假者取而代之。这是明显的药物混淆误用现象。冬葵子和苘麻子在《中国药典》中分立专条，我省也应更正。

3. 络石藤

络石藤又名“络石”“石鲮”，载于《神农本草经》，原为夹竹桃科植物络石的带叶茎枝，而全国使用的除上种外，在较多地区还将桑科植物薜荔的干燥茎叶作络石藤使用。我省习用的也是后种。桑科薜荔用作络石藤始于何时现不可考，是否与正品夹竹桃科之络石略有相似功效现也缺乏依据。原《中国药典》顾及各地药用习惯，将两种络石藤分别专条收载，夹竹桃科的络石称络石，将桑科的薜荔称络石藤。自《中国药典》（1990年版），络石藤已明定为夹竹桃科植物络石的干燥带叶藤茎。桑科薜荔藤未载入《中国药典》。因此将薜荔藤作络石藤使用已与《中国药典》不符，再修改《浙江省中药炮制规范》时应予以更正。

4. 山楂

山楂为消食化积之要药，并有散瘀止痛的功效，药材分北南两种，北山楂是指蔷薇科植物山楂与山里红的成熟果实，南山楂为同科植物野山楂的成熟果实。我省习用南山楂，南山楂果小核大，肉薄，味酸微涩，不似北山楂果大肉厚味酸微甜，故习惯认为南山楂质较差。

《中国药典》自1990版起已将南山楂从山楂的来源中去除，据说其原因是南山楂摘青（未成熟即采收）现象严重，影响药材质量。南北山楂供药用的历史均久，据《本草纲目》所载：“赤瓜、棠梂、山楂、一物也。古方罕用……自丹溪朱氏始著山楂之功，而变后遂为要药。”朱丹溪是义乌人，其所用山楂是南是北已无可考查，但不能排除使用南山楂的可能。南山楂多为野生，资源丰富，一旦被打入“冷宫”，损失不小，在修订《浙江省中药炮制规范》时应慎重考虑。在长期临床应用中，南山楂的消食化瘀积之功功不可没，化瘀活血之效如何尚难定论，因此《浙江省中药炮制规范》再版时分例南山楂专条，作为地区习惯用药保留，并明确规定药材的质量标准。

二、预防感冒，吃点玉屏风散；入梅湿气重，推荐吃米仁

夏日在浙江这样雨水多且湿潮的江南地带，多变的天气十分容易引起感冒，在这样的天气里，徐老会让家里人吃点玉屏风散预防感冒，男女老少可以按说明书服用；若在夏天发生上吐下泻，或是暑湿引起的感冒，那么徐老就会选用藿香正气水治疗。

夏日入梅后，人体湿气重，徐教授推荐祛湿的米仁。如果发现自己舌苔比较白，不太有胃口，大便不成形，可以经常吃米仁、冬瓜、山药、莲子。要吃得淡一点，淡渗湿，养成清淡的口味，体内的湿气会一点点渗出体外。

三、有甲状腺结节，试试食疗方

现在甲状腺出现结节的人很多，通常不需要治疗。等到需要治疗的时候，西医给出的建议往往是住院开刀。徐教授说，甲状腺结节或其他甲状腺肿瘤一查出来马上开刀，并不一定是最佳治疗方案。“这个一般不是急症，可以先吃药看看，没有效果了最后动手术。”熟人来问徐教授，他首先就推荐中医，但很多病人最后都坚持不下去。首先，病人要去医院或门诊部，每周一次或两周一次，来回半天；汤药味道不怎么好，再加上甲状腺结节是慢性病，说不定吃半年药也没有效果，很多人不愿意吃这个苦。所以，一段时间后就放弃了。

对于查出甲状腺结节或甲状腺肿瘤，徐教授推荐了食疗方供参考：桑黄20克，赤芝15克，青芝15克。同时按说明书服用小金丸或逍遥丸。此方是目前杭州胡庆余堂、方回春堂及北京同仁堂这些著名国药老字号的通用方，不少人查出甲状腺疾病，会先采用保守疗法，服用的就是这张药方。许多老字号里面都有桑黄、灵芝专柜，要找有经验的老药工，和他说明具体情况，老药工会根据每个人的年龄、性别、身体状况做出调整，桑黄、赤芝、青芝的量可因人而异，也可以加其他药材，这只是个基础方。

徐教授道出了一系列“干货”：“很多人说，西医治的是病，中医治的是人。在我们中医看来，每一个中年人都需要疏肝理气。我之所以会建议甲状腺结节患者、肿瘤患者不妨服用灵芝，就是基于疏肝理气的原理。”

有甲状腺疾病的人自己知道，有时候一生气，甲状腺就会肿大。这个中

医称为“气瘿”。因为甲状腺结节、乳腺肿瘤和子宫肌瘤等这些疾病都与足厥阴肝经有关系。中医认为，肝主情志，心情不好，肝气郁结，气滞血瘀，气越堵，血越瘀，甲状腺结节就越大。

因此调理多从疏肝理气入手。为什么桑黄、灵芝能疏肝理气，这就是中医里面的以形补形。肝属木，灵芝、桑黄长在木头上，它具有木性，这就是同气相求；灵芝是苦的，苦入心，宁心安神，首先需得有充足的睡眠；灵芝还有一个作用，是利两便，主疏泄。有甲状腺结节的人，睡眠好了，咳嗽没有了，两便通了之后，脾胃功能就随之改善，吃进去的东西就能吸收。肝气得到舒解，气血通畅了，就能活血化瘀。

四、肿瘤病人要经常“忘我”；同时试试“参灵草”

肿瘤病来如山倒，病急乱投医的现象很普遍，放化疗病人、肿瘤术后康复，有没有通用的调理方？

徐教授说，肿瘤病人心情压抑，晚上多梦，白天乏力，思想悲观，免疫功能必定低下。建议白天多去室外活动，转移注意力，尽量让自己保持“忘我”状态。

徐教授说，有一个通用方，肿瘤病人可以根据自己的实际情况来定：西洋参3克，赤芝30克，冬虫夏草3克，简称“参灵草”。徐教授说“参灵草”这张方子适用于很多肿瘤病人，缺点是太“豪华”，冬虫夏草3克要花不少钱，对有些病人来说经济压力很大。徐教授给出了一个建议：可以去找冬虫夏草的人工发酵菌丝体制品替代。

以这个通用方为基础，如果病人手心发热，嘴巴干，有口腔溃疡，阴虚内热比较明显的，西洋参可以加到10克，或加铁皮石斛鲜品15克，以滋阴。方中的赤芝30克，可以分解为桑黄20克，赤芝10克，也可以是其他对症的灵芝，一般不要低于15克；如果病人感到没有力气，睡眠不佳，可以改成：赤芝30克，桑黄20克，黄芪30克，红参9克，红枣15克。

“不断扶正，适时攻邪，随证治之”，这十二字肿瘤治则，也是浙江省已故的国医大师何任教授经过30年临床经验总结出来的，这里的关键是“不断扶正”，“参灵草”就是一张扶正方，重在提高病人的肺气，改善病人的气血，提高病人的免疫功能。

不过徐教授也提醒，药材的好坏，会直接影响到效果。他建议不要在外地旅游途中或路边小摊上购买，最好到著名国药老字号像杭州胡庆余堂、方回春堂及北京同仁堂选购，药材质量比较有保证。即便是亲友送的药材，最好也问下出处，就算是一模一样的药材，因为炮制方法不同，效果有时也会走向反面。

五、徐老的私房长寿养生经

见到徐教授，人们的第一印象就是年轻，耄耋之年，脸色还是白里透红，耳聪目明，腰板笔直。

他夫人说，人家都说他看上去只有六七十岁，他的皮肤这么嫩，可能是以前老是吃蹄髈、猪皮的缘故。徐教授说，到现在他还是比较喜欢吃肥肉，肉要烧得烂，他才不相信"吃脂肪长脂肪"的说法。他又指自己的牙齿，说："我出生在诸暨农村，到十七八岁才开始刷牙，牙齿还是很好的，只拔了一颗，有时还可以吃吃山核桃。"

徐教授说，到他这个年纪，平时吃什么，可以按个人喜好，但要适量，体重要保持正常，既不要太胖，也不要太瘦。胖的人脾的运化功能不佳，心脑血管毛病多，高血压、糖尿病、痛风、肿瘤均与脾的运化不健有关；瘦的人气虚，没有力气，容易感冒，坐车都会晕，免疫功能低下，其实就是营养不良。

徐老身体这么好，说到养生，呵呵地笑笑，说也没啥窍门，还是几句老话：一是肚量要大，肚量大才会有好心情；二是多劳动，他每天看五六份报纸，看到好文章就剪贴起来，虽然退休了，有空还常去医院药房转转；三是经常锻炼，一有好天气，就骑自行车游西湖，吴山、宝石山也常去的。不过，徐老对养生还有另外的讲究，他认为，太贵的东西是不适合用来日常保健的。一来太贵，二来是效果太重，日日吃容易过头，反倒危害身体。

1. 常服枸杞子

年纪大了，人往往有阴虚症状，如缺少津液、口干咽燥、便秘、五心烦热（两手心、两脚心、心胸部）、盗汗或失眠等，其中以肝肾阴虚多见。如眩晕、头胀、耳鸣、视物不清、失眠、五心烦热、遗精、腰膝酸痛、舌红少津、脉细速或细小无力等，可见于贫血、月经不调或者急性热病的末期。凡是有这些症状的，都适合服用枸杞子。

据统计，从汉朝到清朝的32部代表性医学著作，记载枸杞子有延年益寿作用的处方共384张，单味中药使用较多的药物中就有枸杞子。

近代医家张锡纯，以亲身体会强调枸杞子确有退热的功效。他这样说，从50岁以后，无论冬天、夏天，每晚睡觉时都在床头放一壶凉水，每次醒来，感觉心中燥热，就饮凉水数口，直到天亮，壶中剩下的水就不多了。但是，只要在睡前嚼服枸杞子20克，凉水就可以少饮一杯，而且早上起来感觉心中格外舒畅，精神格外充足。从这方面可以看出，枸杞子是滋补的良药，并确有退热的功效。

枸杞子又名仙人杖。世传山东蓬莱南丘村多枸杞子，高的有数米，其根盘结坚固，村里的人多长寿，是因为取枸杞井水饮用的缘故。这在《本草纲目》中也有记载。

据历代本草记载，枸杞子有养肝明目的功能，养生家及民间都推崇用枸杞子明目。老人阴虚者占十之八九，枸杞子是益精明目的上品。

枸杞子被称为“不老果”，具有滋补肝肾、养精明目的功效。干嚼枸杞子最早记载在《外科全书》中，据书中记载：有人在睡前干嚼枸杞子30克，针对夜间口渴症；有人每次嚼服枸杞子15克，针对精子异常；还有人把枸杞子烘干研成粉末，针对萎缩性胃炎，均有良好效果。

徐老介绍说，枸杞子在药房就可买到。但建议不要买那种用硫黄熏过、颜色鲜红的枸杞子，而颜色深红的枸杞子较为可靠。买枸杞子不仅要求正宗，而且颗粒要大，要饱满，外表没有褐色斑点，色泽绛红，这样的枸杞子才是一流的，吃下去才会有效果。南方产的枸杞子粒小、核大、味苦，不能干嚼。最好的枸杞是宁夏枸杞子，这种枸杞子的个头较大，每两约有22颗（1两=50克），每公斤的价格约为100元。徐老每晚都会嚼服一小把（20克左右）枸杞子。有时，徐老也会将适量的枸杞子放入牛奶中，用微波炉热一下服用。

2. 少量饮用白酒

虽然不鼓励酗酒，但徐老很喜欢喝高度白酒。在平时，他一般喝同山烧（是一种高粱酒，约为50°），有时也将枸杞子、生晒参等用糟烧浸泡后服用。徐老常年饮酒，一般每天都会饮一次，每次一小盅（约30毫升）。少量饮酒能活血通脉，但徐老从不贪杯，如遇应酬多喝了点，第二天就不喝了。所以，适量饮酒有好处，但切记要控制饮用量，不可酗酒。

3. 常吃银杏果

银杏果每年上市时徐老会购买20余斤，将其用清水浸泡一段时间后储存起来。每天取10多颗，将其放微波炉里加热1分钟，当零食吃。银杏果可补肺（敛肺定喘），对保护心脏也有好处。

4. 常服自制中药胶囊

徐老经常将西洋参、铁皮石斛、三七（这三样药房里都有）一起磨成粉，做成胶囊，每天服2次，每次4颗，已经连续服用10多年。西洋参性凉，补气养阴、清热生津，铁皮石斛滋阴养液、补益脾胃、护肝利胆、强筋壮骨，三七能活血通脉，对保护心脏有好处。徐老说，现代人从饮食中摄入的营养丰富，大多属于热性体质，因此40岁以上的人都可用此方进行养生保健。不过在使用此方之前，应当去咨询一下中医。

另外，徐老有时将炒熟的黑芝麻和蜂蜜、蜂王浆拌在一起，在早晨空腹吃，这种食疗方法具有补充营养、通便、补肾、乌须黑发的功效。每天早晨、中午和晚上，徐老会各吃一次时令水果。徐老每年还会吃一支人参，在烧鸡、炖鸭时还常常放一些生晒参、冬虫夏草等。

在春暖花开之际，徐老常去大自然中活动活动，他说："呼吸呼吸新鲜空气，采采野菜，也十分有益身心。很多野菜还有药用价值，如遇头痛、胸闷或有心血管毛病的状况，可用胡葱根煎汤喝；若出现咽喉肿痛的症状，可以将适量的马兰头根用水煎汤服用；若有痢疾、乳糜尿病或高血压等病症，可将适量荠菜用水煎煮后服用，荠菜有清热利湿、止血止痢、降血压的作用。"

在长达70多年的中药从业生涯中，徐老积累了丰富的经验，擅长鉴别中药材质量。他熟悉2000多种中药材的产地、加工炮制、贮藏保管、功能与主治等，搜集和制作的药材标本就有三四百种。

第五章

学术成就

第一节　以德为本，以技领先

徐锡山教授是全国第一批中医药专家学术经验指导老师、全国名老中医药专家学术经验继承工作指导老师、国家级中药师、浙江省中医院主任中药师，从事中药事业70余载，能够辨识2000余种药物，并熟悉800余种中药材的产地、加工炮制、贮藏保管、功能主治、有毒无毒、配伍主治等，能准确识别数百种草药及中药材伪品，特别是对中药材的直观经验鉴别和贵重药品的商品质量鉴定有独特见解，系统地继承了中药炮制加工、中成药制备、药材鉴定等传统技能。

在近80载的中药从业生涯中，徐锡山教授留下了一整套中药材的完整理论，从中药的炮制加工到保存管理，从鉴别真伪到配伍禁忌，无不一一囊括。与此同时他还积累了丰富的实践经验，如在加工炮制中，一粒槟榔能切100余片；制附子能切成薄片，放在手心上，吹一口气能飞起来；厚朴、黄柏能切成眉毛片；一寸白芍能切成200片；甘草、黄芪能切成柳叶片；法半夏能切成鱼鳞片等。徐老还能熟练制造传统丸、散、膏、丹和冬令煎煮滋补膏。同时徐锡山教授对中药材的鉴别有独特的见解，他根据多年的中药材鉴定经验，从中总结出“看、触、闻、尝”的中药材鉴别四步法，对各档人参、西洋参、燕窝、冬虫夏草、羚羊角、鹿茸、冬虫夏草等珍贵药材，均能准确鉴别。因此徐锡山教授被誉为“火眼金睛”“辨药奇人”，在全省乃至全国中医药领域均有一定的影响。

20世纪70年代，中药市场曾一度出现管理混乱的局面，药品质量优劣不一，假药猖獗，市场上以劣充优、以假乱真的状况随处可见。针对这种现象，徐锡山教授将市场上出现的300多种伪品，搜集整理并建立真伪品及贵重药材标本室，现已作为名老中医药专家学术经验传承工作室的重要组成部分，用以传授学术经验。1982年浙江省中药材真伪鉴别展览会期间，他负责技术资料组工作，把多年收集的中药伪品贡献给展览会展出，借以教育年青一代的医药工作者。

徐锡山教授师承名家，医德高尚，经验宏富，知识渊博。1991年在全国医院中药理论与技术比赛中，在省内担任实际技术指导老师，编写了《中药的处方应付》《中药的常用别名》等讲义，并负责药房参赛人员的技术指导。3名经选拔出来的参赛人员，经比赛，获得团体总分第一，个人成绩分获第一、二、三名，为浙江省获得了荣誉。为了让青年一代中药师更快速地拥有鉴别经验，徐锡山教授广罗谚语，以简要的语言，用歌谣的形式，使之易懂、易学、易记，并传授给年轻人，如"龙骨竺黄能吸舌，天麻上端鹦哥嘴，韭子皱纹葱子光，女贞肾形冬青圆"等，借以说明真品和伪品的特征，提高大家对药物真伪的辨认能力。由于徐锡山教授的贡献，浙江省中医院在历次技术比赛中，参赛人员均名列浙江省、杭州市前茅。徐锡山教授还参与了1977版、1985版、1994版、2005版《浙江省中药炮制规范》的编写，撰写了《中药饮片传统鉴别经验》《炮制对中药质量的关系》《煎煮冬令滋补膏》《中药材的经验鉴别》《中药房管理》《谈谈中药管理与储藏的经验》《高温锅煅制枯矾方法》《漫谈不符合〈药典〉规定的四种常用中药》等10余篇学术著作。

徐锡山教授始终认为：学药先学德，只有良好的医药道德，才能全心全意为患者服务，否则，医药之术再长，也只能是"下工"。所以徐老在近80载的中药工作生涯中，以德为本，以技领先，勤勤恳恳，任劳任怨，脚踏实地地做好中药工作，严把药品质量关。特别是中药材，由于受产地、加工炮制、采收季节和价格因素的影响，使一些不法之徒有利可图，以次充好，以假乱真。这混乱的中药材市场不仅要求鉴定人要有过硬的技术，还要有高尚的医德，才能把关好中药材的药品质量。徐老凭着高尚的医德和高超的技术，多次将劣药、假药拒之门外，经受住多次道德与良心的考验。在1995年的某一天，徐老受浙江省卫生厅的委托，到某药店进行滋补品的检查，发现野山参是用移山参混充，品与价不符，存在严重的欺诈行为。记者随即拍下照片，准备曝光，受到了店领导的阻止和员工的围攻。他们威胁徐老和记者，说："如果鉴别不准，店的名声、经济损失等一切后果由你们负责，并将上诉法院。"徐老承受着各种压力和风险，只要稍退一步就没有这回事。

但徐老并没有这样做，他心中怀有医德，良心过意不去，患者好欺，良心难逃。此时的他只有一种想法，患者本是怀着治病救命的心情求药，决不能让药品以次充好来坑害患者。徐老凭借过硬的技术，据理力争，以技服人，使店家心服口服，承认错误，接受处罚。徐老多次为危难患者解决困难。有一次，一位北京的患者来医院看病，但是需要将药加工成丸药服，且时间紧迫，无奈求助于徐老。徐老了解情况后，急患者所急，想患者所想，答应患者的要求，不顾60多岁的高龄，从药物处理到手工做丸，都亲自动手，一直忙到深夜。第二天患者及时取到了药，十分感恩徐老。徐锡山教授在一辈子的药师生涯中受到了众多患者的敬佩与爱戴，这样高尚的品德是需要我们下一代中药师传承和发扬的，只有心中怀有大爱，才能做到徐锡山教授那样把患者的生命当作自己的生命来对待，才能做到以德为本。

徐老常以“一语不能践，万卷徒空虚”来勉励学中药学的后来人。他认为学习古书经典始终是他人的间接经验，特别是对书中相关术语的内涵与外延的认识和理解，有时与原意不尽相同。例如，质地轻泡、实重、纤维性、粉性、皮薄与厚，味浊与淡、气微等都有很大的相对性，不可仅从字面理解，应当切身实践、斟酌体会，方能悟其真谛。我们学习古典医籍的目的，是要通过学习获得间接经验，再通过实践获得直接经验。读经典古籍的重要性在于发掘医学遗产，加以整理提高，更好地指导实践。徐老在讲授时要求学以致用，重在实践，熟能生巧，才能发挥医典的作用。如龙胆，“叶如龙葵，味苦如胆，因以为名”，只有自己亲自去观察龙葵的叶子，其“叶片卵形，基部楔形下延，叶互生”，亲口去尝胆汁的口味，才能确认是龙胆。“搞中药这一行没有捷径可走，唯一的方法，就是多接触，多闻、多看、多摸，熟了，自然就认识了。”徐老如是说。徐老还要求学生在阅读经典、继承前贤、弃之谬误、整理提高的同时，不要拘泥，要尽可能多地阅览近代或当代著作文献，多探讨研究，拓展思路，更新观念，吸取新知，使中医药更好地为患者服务。对青年一代中药师，徐老指出，他们大多受过大专院校高等教育，虽已通过理论深造，为中医药工作打下了基础，但实践工作经验尚浅，还须在有经验的专业人员的指导下通过理论联系实际来提高手工技艺，增加业务知识。“中药需要积累和反复的体会，现在很多年轻人还是孺子可教的，好好教育，进步还是很快的，青出于蓝而胜于蓝啊！”徐老对年轻一代中药师的拳拳之心溢于言表。

徐老在中药鉴定上的成就是大家有目共睹的，但是徐老的德行更值得我们年轻一代中药师去学习。认真学习，清静思考，踏实做事，勤勉工作，淡泊生活，清白做人，徐老就是这样用自身的言行举止来教育下一代的青年中药师在中药道路上如何做人的。中医药学是中华民族的优秀文化遗产之一，几千年来，为中华民族的繁衍昌盛做出了巨大贡献。徐老认为，我们作为炎黄子孙，有责任继承和发扬祖国的传统医药学，而要发掘祖国医药学遗产，促进中医药学术发展，首要任务是继承。继承的第一步是学习经典，秉承经典是发扬创新的基础，只有熟读经典，继承祖业，发掘整理，方能学古纳新，古为今用。徐锡山推崇求实的精神和主张，“学药先学德和学习经典、博览探求、持之以恒、学以致用”的严谨有序的学术方法，强调既要精研医典，继承先贤，又要善集重长，融会新知，更要学好医德、开拓创新的学术思想。

徐老除了自身学术成就斐然，德行出众，更难得的是，在人才培养方面，也走在了很多同行的前面。以徐老名字命名的徐锡山国家级名中医工作室以徐老为核心，由一支老、中、青各年龄段相结合的优秀人才队伍组成，共有16名成员，其中1名正高级，8名副高级，7名中级，35岁以下的成员均具有硕士学位。工作室成员在徐老的带领下，牢牢把握“继承发展名中医学术思想、注重培养实践能力”这一主线，研究徐老和国内其他名老中药专家学术思想和临床技艺经验。工作室在徐老的带领下，选择专家擅长的技能若干，整理挖掘其学术经验形成方案；整理搜集其长期实践技艺，并形成汇编；研究专家的学术思想和临床技艺经验，经系统总结、提炼升华形成相应的学术观点，最后形成专著出版物；在传承名中医学术经验的基础上，运用现代技术对提出的学术观点进行科学阐释，开展中药质量评价的现代化研究。总之，在徐老的带领下，以徐老为核心的徐锡山国家级名中医工作室为现代中药学的传承和发展做出了一定的贡献，也培养了一批又一批的中药学新秀。

第二节　辨识药材，见解独特

在中药材这个大市场中，中药的质量良莠不齐，有些中药甚至掺假严重，因此准确鉴定中药材的真伪优劣，是当前青年一代中药师应该具备的专业技术能力。当前中药的真伪问题十分严重，不少常用中药都出现了伪品，如人参、三七、牛黄、冬虫夏草、羚羊角等贵重药材。人参为五加科植物人参（*Panax ginseng* C. A. Mey.）的干燥根及根茎，有其栽培品“园参”；有人工种植然后移栽在山林中，具有林下野生环境和野山参部分特征的“移山参”；有人工将种子播种于林下后自然生长的“林下野山参”；又有纯野生的“野山参”。以上均是人参，但价格确有天壤之别，其质量也相差甚大，因此准确鉴别其等级分类至关重要。同时人参的伪品也较多，有用商陆根、野豇豆根等来冒充的。目前，有人从栽培的国产人参中选出类似西洋参外形者，加工成西洋参出售，这些伪品均难以用肉眼鉴别出来。三七为五加科植物三七［*Panax notoginseng*（Burk.）F. H. Chen］的干燥根及根茎，能活血化瘀、散瘀止痛，其疗效异常显著，且价格昂贵。因此各地药材市场发现有以竹节参、菊三七、藤三七、莪术、淀粉等伪品以充三七销售。牛黄是牛的胆结石。近年来，有用其他动物的结石冒充甚至有用淀粉加工或用果皮、种皮包以黄土等来冒充的。此种以假乱真、以次充好的情况随处可见。同时中药材的质量优劣也是不可忽视的问题。中药的品种确定后，必须检查质量，如果药材品种鉴别正确，但质量不符合标准要求的，同样不能入药。

徐锡山教授在鉴别中药材方面有着独特的见解，对人参、冬虫夏草、灵芝、三七、菊花、砂仁等大部分中药材，都能做到“火眼金睛”。同时徐老也能熟练分辨中药材的质量优劣和辨别正品伪品，在辨识药材方面的技术已是炉火纯青。徐老的鉴别主要是通过眼看、手摸、鼻闻、口尝、水试、火烧六个步骤。徐锡山教授从事中药工作近80载，尤其对中草药的形态鉴别，具有丰富的实践经验，知识渊博，更具独到之处。徐老通过多年辨药形成了一套丰富完整的理论体系，下面选择几种代表药材，总结其特性与鉴别依据。

（一）人参

人参，为五加科植物人参（*Panax ginseng* C. A. Mey）的干燥根及根茎。原植物系多年生草本，以东北长白山一带为主产地。人参首载于《神农本草经》：“人参，一名人衔，一名鬼盖。味甘，微寒，无毒。主补五脏，安精神，定魂魄，止惊悸，除邪气，明目，开心益志。久服轻身延年。”人参，因其根如人形而得名，具有大补元气、补脾益气生津、宁神益智的功效。人参主治大病、久病、失血、脱液所致元气欲脱，神疲脉微；脾气不足之食少倦怠，呕吐泄泻；肺气虚弱之气短喘促，咳嗽无力；心气虚衰之失眠多梦，惊悸健忘，体虚多汗；津亏之口渴，消渴；血虚之萎黄，眩晕；肾虚阳痿，尿频，气虚外感，是当今的贵重药之一。

1. 分类

按生长习性来分：自然生长于荒山野岭之中的称“野山参”或“山参”；用种子在荒山上繁殖5～6年后的称“移山参”；人工栽培的习称“园参”。按加工方法不同，一般可分三类：生晒类、蒸制类、糖水浸类。生晒参类有生晒参、生晒参须等；蒸制类有红参、东宝参等；糖水浸类有白糖参等。从朝鲜半岛进口的人参称“别直参”或“高丽参”。韩国分天、地、良、切四个等级；朝鲜分天、地、人、翁四个等级。

2. 主要特征

（1）野山参的主要特征

野山参生于深山密林的环境中，长年受自然环境影响，在山参的各个部位都形成较特殊的形态。

1）芦（根茎）：茎春生秋脱，年复一年，茎基残留，并缓慢地增长，生长年久，茎芦较其他参芦为长，形如雁脖，习称“雁脖芦”。但雁脖芦一般可分为三段：顶端第一段为新脱落的茎痕，形如马牙，边缘棱较平齐，中心凹陷，习称“芦碗”或“马牙芦”。第二段为近十年脱落的茎基，芦左右交错而生，芦碗紧密，边缘有明显的棱脊，习称“对花芦”。第三段，为远年的茎基脱化而成，不再显芦碗，而呈圆柱形，习称“圆芦”，圆芦上有紧密的环球棱皱，一般可以认为每一棱皱是生长一年的标记，由此可以得出山参的生长年限。还有一种芦细长如线，至上端始变粗呈对花芦形式，习称“线芦”。无论是马牙芦、对花芦、圆芦，上面多生小疙瘩瘤。

2）艼（附芦而生的不定根）：生长年限较长的山参上多生有参艼1～3根，2根以上艼多为左右互生，山参艼一般粗短，两端尖细，形如枣核或蒜瓣，习称“枣核艼”或“蒜瓣艼”，艼体垂直向下伸延。

3）体：有“横灵体”和“顺笨体”之分，习称“武形”和“文形”。武形多呈短横体，八字形；文形一般呈纺锤形或圆柱形。主根和芦头近年等长或主根短于芦头。

4）纹：在主根上部，生长紧密的横环纹，纹深而细，呈黑褐色，习称“铁线纹”或“螺旋纹”。

5）皮：呈灰黄白色，紧结光润，老而不粒，习称“皮细似锦”或“细橘皮”。

6）腿：一般1～2根支根，最多3根。腿短粗，上粗下细，分档处多八字形，宽阔而不并拢。

7）须：疏生，清秀而不散乱，长为参体的2～5倍，质柔韧，不易折断，须根上有明显的疣状疙瘩突起，习称“珍珠点”或“珍珠疙瘩皮条须”。

8）味：味甜微苦，嚼之有清香感。

9）质地：主体坚实，皮细肉紧，须根质柔韧。主根折断面白色，有放射状裂隙，形成层呈黄色。

山参的主要特征可以概括为：马牙雁脖芦，下生枣核艼，身短体横灵，环绕铁线纹，肩膀圆下垂，皮紧细光润，腿短2～3个，分档八字形，珍珠皮条须。

（2）移山参的主要特征：移山参是指将较小的山参移植于适应人参生长的环境中，又便于管理，经移载10余年后，再挖出。参形略有变异，品质不及野山参。

1）芦：略显长而芦碗稀疏，芦变粗后不呈对花，而呈转芦形式。

2）艼：多呈须长体，略向斜傍伸出，上翘，有时艼体超过主体。

3）纹：环纹稀疏，凹入较浅，常呈“一纹到底”。

4）皮：略显虚沧，质粗而不紧结，不光润。

5）腿：较顺长，分档并拢不呈八字形。

6）须：较细嫩，下端分叉较多，根须上小疙瘩（珍珠点）较疏而小（分叉多的原因是移植时经常被折断，而又再生时多的分叉），须根脆弱。

（3）高丽参（别直参，朝鲜人参）的主要特征

1）芦：参芦粗短，宽常与肩平，多为双芦或多芦（一般在种植5～6年后，在茎部剪断，重新生出的茎），偶有单芦（除小枝者外），芦碗底凹如盏，形似马蹄，习称“双芦油盏头”，边缘整齐。

2）肩：参肩隆起饱满，呈方形，俗称“将军肩”。

3）体：参体多呈棱柱形，身体横纹细密，俗称“蟋蟀纹”。

4）腿：身长腿短，上下粗细均匀，为2～3支。

5）色：表面棕红色，留有棕黄色栓皮，俗称“黄马褂”。

6）质：坚实而重，断面角质样有光泽，有菊花纹。

7）气味：味苦微甘，有清香气。并煎后不易糊化，汤汁澄清。

（4）红参的主要特征：芦头上部黄褐色，顶端有碗状茎痕，习称“芦碗”，亦称“油盏头”，一般为5～6个，芦粗而短。主干肥圆或呈纺锤形，下部有2～3条支根做作扭曲交叉状，表面红棕色，半透明暗褐色斑块，具纵

皱，环纹不明显，有支根痕，断面平坦，角质状，中心浅黄色，有稍浅的形成层，气香，味微苦。

（5）边条的主要特征：它属红参的一种，外形基本同红参，但边条根茎上的芦碗不正，具有芦长、身长、腿长之美称，是红参中的佼佼者。

3. 常见伪品

市场上冒称人参的伪品一般有野红豆跟、商陆根、紫茉莉根、桔梗根、山莴苣根、栌兰根、莨菪根、金钱豹根、华山参、四叶参等。

（1）野红豆根：气微臭，味淡，有豆腥味，表面为黄棕色。蒸后变为红棕色或透明。外形近似人参，但根茎顶部则是草质茎的平直断痕，没有真人参的深陷环状横纹。有似皱纹和横向皮孔样的瘢痕，以及极细微的纤维伸出，似棉花状质地坚实，不易折断，断面为角质性，有含淀粉样的筋脉点。

（2）商陆根：无臭味，味淡，略有麻舌感，形似人参，主根呈圆锥形，下部分枝多，顶端有地上茎的残基。断面呈数层同心性木化环纹，角质性，半透明状质地坚实，不易折断。

（3）华山参：气微臭，味甘而微苦。主根呈圆柱形或圆锥形，头部粗，有横向细密环纹，下渐细，有分枝，顶端有短的根茎。表面为棕褐色，有横向皮孔状瘢痕，隐约可见内部纵向的纤维管束。断面角质性，半透明，质地坚实。

（4）山莴苣根：气微臭，味微甜而后苦。根呈圆锥形，多自顶端分枝，顶端有圆盘状的芽或芽痕。表面为灰黄色或灰褐色，有细纵皱纹和横向点状须根痕。加工蒸煮后的呈黄棕色，半透明状。质地坚实，但易折断，有的有放射状裂隙。

（5）栌兰根：无臭气，味淡，略有黏滑感。表面为灰黑色或灰黄色，有纵皱纹和点状突起的须根痕。隐约略显出内部纵向的纤维管束。主根为圆锥形或长纺锤形，有的分枝，有的不分枝。顶端有残留的木质茎基。质坚硬，断面较平坦，角质性，半透明状，中心常有空腔。

（6）紫茉莉根：味淡，有刺喉感。主根呈圆柱形，分枝少，顶端有残留的茎痕，表面为黄色或淡黄棕色，有纵皱纹和须根痕，断面角质状。质地坚实。

（7）莨菪根：气微臭，味淡而微苦。表面为灰黄色或淡黄色，有明显的横向突起的皮孔状瘢痕。根为圆柱形，顶端有残留的芽痕，质地坚实，易折断，断面呈淡黄色，不平坦。

（8）桔梗根：气微臭，味微苦而后甜，呈圆柱形或长纺锤形，顶端有根茎，皱缩扭曲。上部有横纹，通体有明显的纵沟，并有类白色或淡棕色皮孔样根痕。质坚而脆，易折断，断面为黄白色或紫棕色，有明显的形成层环。

（9）金钱豹根：气微臭，味淡而微甜，表皮微灰黄色，质坚而脆，易折断，断面为黄色，木化性较强。根略似四方柱形，多不分枝，扭曲不直。顶部有密集的点状茎痕，四棱上多有明显的突起点，全体有纵皱纹。

（二）冬虫夏草

冬虫夏草为麦角菌科真菌冬虫夏草［*Cordyceps Sinensis*（Berk.）Sacc.］寄生在蝙蝠蛾科昆虫幼虫上的子座及幼虫尸体的复合体。《本草纲目拾遗》对其记载尤详："夏草冬虫，出四川江油县化林坪，夏为草，冬为虫，长三寸许，下趺六足，屈以上绝类蚕，羌俗采为上药。"冬虫夏草，味甘，性温，归肺、肾经，具有补肾益肺、止血化痰的功效，主治阳痿遗精、腰膝酸痛、久咳虚喘、劳嗽痰血，有调节免疫系统功能、抗肿瘤、抗疲劳等多种功效，是名贵中药材之一。

1. 形成

冬虫夏草是一种昆虫与真菌的结合体。虫是冬虫夏草蝙蝠蛾的幼虫，菌是冬虫夏草真菌。冬虫夏草真菌是我国青藏高原独有的一种极喜低温、高海拔、寄主专一性强的真菌，特异寄生在青藏高原的鳞翅目蝙蝠蛾科蝙蝠蛾属昆虫的幼虫身上，历经3～5年才能够长成，而且当温度高于25℃时，冬虫夏草真菌就不能生长。它是冬虫夏草属真菌中特殊的一个种类，生长在以青藏高原为中心地域（青藏高原及其相邻的横断山脉余脉的酷寒雪域）、海拔在3500～5000米高寒湿润的高山灌丛和高山草甸上（集中分布于海拔4100～5000米的垂直高度内）。冬虫夏草的形成极为不易，其中不仅需要冬虫夏草菌，还需要一种昆虫。在青藏高原海拔数千米的草原上，生长着这样一种普普通通的虫子，它是一种不起眼的小飞蛾，没有蝴蝶的艳丽，身上是一种植物干枯后的颜色，也是它的一种保护色。它在草叶上产卵，这些小小的卵子经过孵化生成小虫子之后，掉落到地上，然后钻入高原肥沃的泥层中，开始了暗无天日的生活。历经数年之后，小虫子长大成大虫子，像春蚕一样，结茧变蛹，当春夏季节一来，温度一高，蛹就变成了飞蛾，就是蝙蝠蛾。蝙蝠蛾幼虫在地下冻土中越冬，未被真菌感染的幼虫经2～3年六七月羽化成蛾出土，初呈白色，1小时后呈棕红色，再后又转变成棕黑色，全身长满花斑，犹如蝴蝶，在花丛中上下飞舞，不吃不喝，忙于寻求配偶。一般羽化后几小时雌蛾即开始产卵，交配后产卵更多，雌蛾产卵400～500粒，最多的可达700粒。产完卵雌蛾立即死亡，雄蛾亦很快死亡，从羽化成蛾出土到死亡一般为3天，也就是说它在地面上阳光下只活3天，可谓命短。有卵的时期为6月下旬至9月上旬，卵留在植物花叶上，在适宜的温湿条件下经1个月左右孵化成白线头似的小虫。小虫一蜕掉卵壳就急急忙忙钻入土壤中，潮湿疏松的土壤给它提供了良好的居住条件。头花蓼、珠芽蓼、川贝母、小大黄、金露梅等植物的根茎给它提供了丰富的食物来源。它在土壤中悄悄地、自由地生活和成长。它耐旱、耐饥、耐寒，就是严冬冰冻三尺对它也无可奈何，它僵而不死。侥幸未被真菌感染的幼虫将来就有机会蜕变成蛾出土，一旦被真菌感染就逐步蜕变成冬虫夏草。成熟的冬虫夏草真菌在寄生的幼虫头上形成子座，子座内约有5000个可育的、肉眼可辨的子囊壳，内含长柱形的子囊，子囊内含子囊孢子，当子囊壳破裂，子囊孢子散射出并且断裂成众多的次生子囊孢子，随风传播散落。成熟的子囊孢子散落地面，随雨水渗透到土壤中，遇到合适的条件，子囊孢子萌发，一般在6月中下旬蝙蝠蛾高龄幼虫被侵染，子囊孢子长出枝状芽管伸入寄主虫体，繁殖菌丝，被侵染的幼虫行动逐渐迟缓并爬向靠植物根部距地面2～3cm的土层中，头朝上尾朝下逐渐僵死。真菌吸收寄主体内营养生长，虫体内布满菌丝，随后虫体表面的菌丝膜与土壤颗粒黏结成“虫壳”，完成冬虫夏草的无性世代。当年入秋后冬虫夏草开始有性世代，在当年土壤冻结前从被侵染的寄主虫体头部长出短小的子座。在青海玉树，9月下旬就已经可以挖到被寄生的虫体，头部的子座高约1cm且不露出土面，次年5月化冻后，土壤温湿度适合子囊菌生长，子座以每天3～4mm的速度长出地面，形似小草，子座出土初为淡绿色，后变为紫红色，一般在露出地面部分达20～50mm时不再继续生长。到6月中旬，子座头部渐渐肥大，7月下旬子囊孢子长成。8～9月逐渐成熟并从子囊壳散发出来，继续对寄主幼虫进行寄生。第二年春天，虫子的头部会慢慢长出一根紫红色的小草，高2～5cm，小草顶端有一个菠萝状的囊壳，这就是“夏草”。冬虫夏草这时发育得最好，体态饱满，体内有效成分最高，是采集的最好季节。

2. 主要特征

冬虫夏草形体如蚕，体长3～5cm，直径为0.3～0.8cm，腹面有足8对，位于近头部3对，中部的4对非常明显，近尾部1对。子座自虫体头部生出，上部稍膨大，长可达4～7cm，径约0.3cm。表面环纹粗糙明显，近头部环纹较细，共有20～30条环纹，每3环为一组，组组排列，近头部的环纹较细；尾部呈钩状（一对足）。眼睛是棕黄色或棕红色，距眼睛0.5cm的地方，虫体颜色较黄。虫体外表深黄至棕黄色，头部黄红色。多数“草头”部分颜色发黑，细长，断面平坦，色略发黄。断面黄白色，有一中空或淡灰色的小马蹄形或“V”形黑芯印迹，这是虫体的消化线。闻起来稍有腥臊味和草菇的香气。冬虫夏草是名贵的中草药。抓起一把放在手里会有干草的质感，几乎轻到没有重量。将虫体和子座放在手掌来回揉搓也不会有染色。放下冬虫夏草，手上除了沾上一些泥沙和木屑，不会有不明成分的粉末。冬虫夏草入口脆如青豆，越嚼越香，香味类似香菇。

3. 注意事项

在挑选冬虫夏草时应根据以下几点选择。

（1）生长海拔高：不同产地的冬虫夏草生长海拔是不一样的，总的来讲生长海拔越高的冬虫夏草，其外在品相与内在品质就越好；青海玉树平均海拔在4000米左右，西藏那曲更高一些，在4500米左右。从海拔3000～5000米都有冬虫夏草的分布，其中坡度在20°～35°的高山阴坡或半阴半阳坡最为集中。由于多食性的蝙蝠蛾比较喜欢珠芽蓼、小大黄等植物，这些区域也会成为冬虫夏草较为富集的地方。草原冬虫夏草与森林冬虫夏草不一样；草原冬虫夏草为棕黄色，虫体肥大，肉质松软；森林冬虫夏草为棕褐色，虫体饱满结实。西藏那曲冬虫夏草和青海玉树的冬虫夏草因其比较相近而辨别不易，但还是有细微的不同。两地冬虫夏草从感觉到外观上的差别主要体现在三个方面。①颜色：玉树冬虫夏草颜色较那曲深一些，同是棕黄色，但黄的没有那曲冬虫夏草亮，比那曲冬虫夏草略黑，感觉玉树冬虫夏草像是在那曲冬虫夏草表面蒙上了一层灰；②气味：相同数量的青海玉树冬虫夏草的气味闻起来感觉要比西藏那曲冬虫夏草更浓一点，玉树冬虫夏草的腥香气是腥味偏重、香味偏轻，那曲冬虫夏草的腥香气是腥味偏轻、香味偏重；③个头大小：同样规格的冬虫夏草各50克分成两堆摆放在一块，仔细观察能感觉到那曲冬虫夏草在总体上给人感觉个头比玉树冬虫夏草稍大一点，原因是玉树冬虫夏草的虫体部分比那曲冬虫夏草更紧实，即那曲冬虫夏草的虫体部分要比玉树冬虫夏草更膨松一点，所以才有同等重量下玉树冬虫夏草的个头略小一点，换句话说就是同等大小的玉树冬虫夏草比那曲冬虫夏草略重。

（2）冬虫夏草个头大：冬虫夏草有大有小，大的有2条1克、1.8条1克甚至是1.6条1克，小的有4条1克、5条1克甚至更小，总的来讲，越大的冬虫夏草颜色与饱满度越好，看相越好，档次也越高。

（3）子座短小：冬虫夏草的子座（即草头，又称草把子、尾巴、叶子）有长有短，子座的生长靠吸收虫体的营养，因此子座越长，虫体的营养吸收就越多，相应的虫体饱满度和颜色也就越差，对冬虫夏草品质的影响就越大，反之子座越短小，冬虫夏草的品质就越好。

4. 常见伪品

（1）亚香棒冬虫夏草：又称霍克斯冬虫夏草、古尼冬虫夏草。子座从虫头部中央长出，不包住整个虫头；子座顶端圆形，中部四足不太突出，环纹没正品冬虫夏草那么明显，草头出现分叉的情况比较多。正品冬虫夏草也有这种情况，但是几百条才可能看到一条分叉的，此种情况要依据其他特征识别。其他外表特征基本相同。有的亚香棒冬虫夏草虫体发白，较为好鉴别，也有黄颜色的，较为难识别。

（2）凉山冬虫夏草：虫体粗短，表面棕黑色，环纹众多，被锈色绒毛，子座长，大大超过虫体，可达30cm，分支纤细而曲折，子实体头部圆满柱形或棒状。足不明显。少数“草部”顶端有分支。

（3）新疆冬虫夏草：虫体似蚕，表面暗红色至紫红色，虫体质地较硬。子座通常无。新疆冬虫夏草较好识别。

（4）地蚕：唇形科植物草石蚕的块茎，可食用，也可入药。有直接称它为冬虫夏草者，因为形态上比较好区分，属于名字上有所混淆的假冬虫夏草，“虫体”呈梭形。略弯曲，环纹较少，有3～15条。外表为淡黄色。

（5）人造冬虫夏草：是将淀粉、面粉、玉米粉、石膏等通过模具压制成虫子带草头的形状。

（三）灵芝

灵芝又称林中灵、琼珍，是多孔菌科真菌赤芝［*Ganoderma lucidum*（Leyss. ex Fr.）Karst.］或紫芝（*Ganoderma sinense* Zhao，Xu et Zhang）的干燥子实体。最早出现在东汉张衡《西京赋》：“浸石菌于重涯，濯灵芝以朱柯”之中，但在更早的先秦古籍中就有关于灵芝的记载。成书于东汉末年的《神农本草经》云：“紫芝味甘温，主耳聋，利关节，保神益精，坚筋骨，好颜色，久服轻身不老延年。”明代李时珍所著的《本草纲目》则对所收芝类有青芝、赤芝、黄芝、白芝、黑芝、紫芝，亦为六种，每种均按释名、集解、正误、修治、气味、主治、附方等项，详加注解。灵芝，甘，平，归心、肺、肝、肾经，具有补气安神、止咳平喘、延年益寿的功效，用于眩晕不眠、心悸气短、神经衰弱、虚劳咳喘，同时它又是国家批准的新资源食品，无毒副作用，可以药食两用。

1. 形成

灵芝菌丝在20～30℃能正常生长，最适宜的温度是24～28℃，子实体的最适温度是20～30℃，低于20℃子实体原基停止生长，高于33℃子实体不能正常长菌盖。光是灵芝子实体生长发育中不可缺少的因素。光照不足，子实体生长缓慢，子实体瘦小，发育不正常。但灵芝也经受不住阳光直射。灵芝子实体还有明显的向光性，在室内栽培时，子实体的菌盖都一致朝向来光的方向。全年日照时数在2100小时左右为宜，培养料湿度以60%～65%为宜，子实体生长阶段空气相对湿度在85%～90%最好。灵芝子实体生长发育对二氧化碳浓度敏感，若空气中的二氧化碳浓度超过0.1%，灵芝子实体就不能发育菌伞。灵芝生长需要中性偏酸，灵芝菌丝体喜弱酸环境，pH在5.5～6.5为宜，如果pH低于5，接种不易成活。菌丝也难以在碱性环境生长。野生灵芝通过孢子来繁殖，灵芝孢子有四种性别：a1、a2、b1、b2，只有a、b两类不同性别的孢子（a1和b2、a2和b2）交配才能长出子实体，这是大自然优胜劣汰规律的体现，也保证了优质灵芝菌种的繁衍。而人工栽培灵芝大多采用无性繁殖，即通过菌丝体的分裂培植菌种，再将菌丝体分割，再次培育更多的菌种，其间不需要交配过程。一代代的无性繁殖下去，就像人类近亲结婚一样，必然导致菌种的退化。灵芝的整个生长周期从菌丝生长到子实体成熟需要90～120天。

2. 分类

（1）野生灵芝：菌盖木栓质，形态各异，少数生长中的光线过低就只长菌柄、不开片，如鹿角芝。野生灵芝的菌盖少数有天然漆样光泽，经洗净烘干后菌盖有环状棱纹和辐射状皱纹。菌背面，有无数细小管孔，管口呈白色或淡褐色，每毫米内有4～5个管孔，管口圆形，内壁为子实层。种子（孢子）为卵圆形，壁有两层，针尖大小，褐色，集多粉末状。野生灵芝味是非常苦的。

野生灵芝的鉴别要点：①看色泽。野生灵芝经日晒雨淋，吸日月之精华，天地之灵气，色泽是一种自然的光泽，颜色为褐色。②看大小和硬度。

人工栽培的灵芝一般大小整齐，形状也规则。野生灵芝虽形状极不规则，大小不一，但硬度比人工灵芝要硬。③看虫眼。人工栽培灵芝会施肥打药，管理严格，所以几乎不会有虫眼。野生灵芝由于环境是天然的，经常会有虫害，所以在纸盖下方都会留有不规则虫眼。④泥脚：由于是野生的，往往会带有泥脚，我们挑选时要注意观察灵芝的根部。真正的灵芝根部是有泥土的，这是因为它生长在山上，在采摘的时候直接将其连根拔起，多少都会有一些泥沙。而冒牌的灵芝由于生活在人工制造的环境或是人为的加工制作，在根部通常没有泥土的痕迹。⑤是否有杂草：由于是自然生长，因此表面会有野草或者树枝。

（2）培养灵芝子实体（灵芝粉）：①培养灵芝在色泽、形状、大小都比较统一、有规则，菌盖肾形、半圆形或近圆形；盖面黄褐色至红褐色，盖缘为淡黄褐色，有同心环带和环沟，并有纵皱纹，表面有光泽。②质地没野生灵芝硬。③没有虫眼。④根部没有泥土的痕迹。⑤表面更不会有野草或者树枝。赤芝味较苦，紫芝味淡或略苦。

（3）灵芝孢子粉：是从2000年后随着科学技术的发展逐渐发展起来的。《浙江省中药炮制规范》（2015年版）收载灵芝孢子粉。它是灵芝在生长成熟期，从灵芝菌褶中弹射出来的极其微小的卵形生殖细胞，即灵芝的种子。每个灵芝孢子只有4～6微米，是活体生物体，双壁结构，外被坚硬的几丁质纤维素所包围，人体很难充分吸收。破壁后更适合人体肠胃直接吸收。平均每100公斤（1公斤=1000克）灵芝才能采集到1公斤纯正的孢子粉。野生的灵芝是无法采集到的。

（4）灵芝菌丝体：灵芝的种子（灵芝孢子）萌发（发芽）后，经培养生长出的黄白色丝状物，称为菌丝体。

3. 主要特征

（1）赤芝（丹芝、红芝、血灵芝、灵芝草、三秀、万年蕈）：赤芝子实体外形呈伞状，菌盖肾形、半圆形或近圆形，大小不一，一般直径为10～18cm，有的较大，厚1～2cm。皮壳坚硬，黄褐色至红褐色，有光泽，具环状棱纹和辐射状皱纹，边缘薄而平截，常稍内卷。菌盖下表面菌肉白色至浅棕色，由无数菌管构成。菌管内有多数孢子。孢子细小，黄褐色。菌柄圆柱形，侧生，少偏生，长7～15cm，直径为1～3.5cm，红褐色至紫褐色，光亮。气微香，味苦涩。

（2）紫芝：子实体的皮壳紫黑色，有漆样光泽。菌肉锈褐色，有环形同心棱纹及辐射状棱纹。菌肉锈褐色。菌管管口与菌肉同色，管口圆形，每毫米5个。菌柄长17～23cm。

（3）灵芝栽培品：子实体较粗壮、肥厚，直径为12～22cm，厚1.5～4cm。皮壳外常被有大量粉尘样的黄褐色孢子。气微香，味淡或微苦涩。

4. 注意事项

（1）闻气味：是比较简单直接的方法。气味可以说是每种产品都有的，真的破壁灵芝孢子粉闻上去会有明显的干果清香，有点类似于杏香的味道，这种气味是一种清新淡雅的香气。而假的孢子粉则有一种浓烈刺鼻的香气，气味不自然。

（2）看颜色：正品的破壁灵芝孢子粉颜色呈深棕褐色。灵芝粉是浅褐色，如果孢子粉中加有灵芝粉，颜色会变浅。颜色过深发黑的很可能是已经变质或是添加了黑色素的假货。

（3）手感：我们可以将少量的破壁灵芝孢子粉涂抹在手上，试一试它的手感，这也是我们经常使用的一种鉴别方法。涂在手上之后，用手指慢慢涂抹均匀，真正的破壁灵芝孢子粉细腻光滑，很快就能被肌肤所吸收。而仿制的涂抹在手上不容易抹开，杂质较多，皮肤很难吸收。每个灵芝孢子只有4～6微米。所以纯孢子粉细腻、光滑，破壁孢子粉因为有油分所以粘连成小块，但用手一搓就会散开。

（4）纸巾测试法：取一张干净的面巾纸，对折一下，然后再将少量的破壁灵芝孢子粉放在对折过的地方，用手轻轻地捏一下。真正的破壁灵芝孢子粉会有孢子油渗透出来，打开面巾纸会发现上面留有一层厚厚的孢子油。而假冒的孢子粉，我们在做测试的时候是看不到这种现象的。

（5）尝口感：真假灵芝孢子粉在气味上是不一样的，那么在口感上自然也是有差别的。我们可以将少量的孢子粉直接放进嘴里，细细品尝，正品破壁灵芝孢子粉入口丝滑，口感好，没有杂质，优质的孢子粉入口即溶，咀嚼一两分钟之后，嘴里就呈现微苦。灵芝粉口感很苦。如果加入其他物质就会变成淡味。而假的灵芝孢子粉入口时会有一种涩涩的味道，有杂质，口感差。

（6）泡水法：真的破壁灵芝孢子粉冲水，冲水后，在水面上有一层薄薄的油层。晃动杯子，有孢子粉附着在杯壁上，经过一段时间之后，在杯底有沉淀。这是破壁灵芝孢子粉的冲水特点。假的破壁灵芝孢子粉或破壁率低的产品冲水后，在水面附着的油层几乎看不到，而且有一些孢子粉浮在水面上，这是未破壁的灵芝孢子粉。并且，孢子粉冲水后的颜色，并不是棕褐色，而是略微带点黄色。含有灵芝粉的产品冲水后，孢子粉的颜色是黄色或深黄色，而且几乎看不到油层，水中的灵芝粉十分的粗糙。灵芝粉是木屑状的，而灵芝破壁孢子粉是灵芝孢子，两者是完全不同的物理结构。

5. 常见伪品

（1）树脂模压品为用树脂经模压涂以紫红颜料而成，外形极似灵芝。但其质地较重，折断面不见菌肉菌丝，显微镜下不见孢子。加热易软化，火点燃可燃烧并冒白烟，有香气。入水能使水染红。

（2）泡桐花粘接品为玄参科植物泡桐［*Paulownia fortune*（Seem.）Hemsl.］或毛泡桐［*P. tomentosa*（Thunb.）Steud.］的花纵向黏结而成。泡桐花棕黄色至黄褐色，花多皱缩，花萼倒卵圆形，五裂达1/3，裂片卵形，花冠外被星状绒毛，花筒直而向上逐渐扩大。

（四）三七

三七别名有“金不换”“田三七”“参三七”“盘龙七”，为五加科植物三七［*Panax notoginseng*（Burk.）F. H. Chen］的干燥根及根茎。三七始载于《本草纲目》，李时珍谓：“生广西南丹诸州番峒深山中，采根曝干，黄黑色。团结者，状略似白芨；长者，如老干地黄，有节。味微甘而苦，颇似人参之味。”据考证，此描述即为当今所用之三七。三七，甘、微苦，温，归肝、胃经，具有散瘀止血、消肿定痛的功效，用于咯血、吐血、衄血、便血、崩漏、外伤出血、胸腹刺痛、跌仆肿痛，是贵重中药材之一。

1. 分类

三七一般种植3年后的七八月采收。在结籽前采收，侧根充实饱满，称“春七”，质较佳；在结籽后采收，则体较瘪瘦，外形多皱缩，称“冬七”，质较次。将根挖出后除去地上茎及泥土，剪取主根（习称三七头子），晒至半干，再反复搓揉，发汗后，曝晒至足干即为毛货。将毛货置麻袋内加蜡，往返振荡，使主根表面呈光亮的棕黑色即为成品。商品按颗粒大小分档，每500克20个以内者称20头，为一等；30头以内为二等；40头以内为三等；60头以内为四等；80头以内为五等；120头以内为六等，160头以内为七等；200头以内为八等。剪下较粗的支根称筋条，支根上端直径不小于0.8cm，下端直径不小于0.5cm，每500克在600头以内。细根及残次品为“剪口三七”，最细的称“绒根”。

2. 主要特征

三七主根呈类圆锥形或圆柱形，上端较粗，下端较细，表面灰黄色，习称“铜皮”，灰褐色习称“铁皮”，具有断续的纵皱纹，支根痕及横向皮孔，顶端有茎痕，周围有瘤状突起，习称“狮子头”，体重，质坚实，难折断，断面角质样，呈灰绿色或黄绿色。外层皮部与中心木质部有明显界线分离，具放射状纹理。气微，味先苦后微甜。可以概括为：三七铜皮铁骨身，表面凹凸狮子头，断面木部显纹理，味苦回甜皮易离。

3. 注意事项

（1）挑选三七时应注意：①文山出的优质三七根，表面红黄色、黄棕色、灰黑色，周围有瘤状突起，整体均匀饱满的春七，习称“铜皮铁骨狮子头”。②加工不使用任何化工原料，颜色为本色，有粗糙感。口嚼微苦后回甘甜、无麻辣感。③个大、质量重、体表光滑、质坚硬、断面灰绿或者黄绿为佳。主要物理鉴别方法：适量水与少许样品粉末混合，常温，半小时后取其液少量，并置试管内，塞紧瓶口，振摇，能产生持久性泡沫为真三七，反之为假三七。

（2）影响三七颜色的因素：①红土地三七：颜色（包括三七表皮颜色和截面颜色）受很多因素影响。首先是种植的土壤，文山大部分是红土地，三七也大部分是表面带有红泥土的，三七切开以后，也会略微偏黄。②黑土地三七：是种在黑土地上的，表面的成色就会更深，更偏像古铜色。这种三七表面不带有任何红泥土的迹象，截面的颜色大部分比较深，呈墨绿色者居多。黑土地与红土地种出来的三七药性没有明显的差别，药效作用基本一致。③放置时间：三七的颜色还与放置时间的长短有关系，大部分东西时间放长了就会褪色变旧，三七也是如此。三七截面偏黄，有可能是三七放置的时间比较长，干度较纯，同时三七的气味也会偏淡一点。一般三七采挖晒干以后，3年之内药性是不变的，即使表面黄里稍微泛白，截面偏黄绿色药味不是特别浓烈，但三七皂苷等有效成分的含量是不变的，三七的干度倒是越来越高，这样的三七水分少，最适合购买，没有任何损耗。新三七切开后确实很绿，但多多少少会有水分，当然打出来的三七粉最好，但损耗大。

4. 常见伪品

三七的伪品包括藤三七、菊三七和莪术等，藤三七、菊三七等伪品虽有消肿活血的功效，但疗效远低于三七，因此在医疗上禁止替代、混用。

（1）菊三七：别名“菊叶三七”“狗头三七”“土三七”“紫背三七”，属菊科植物。气微，味淡，而后微苦。菊三七根茎呈拳形，表面呈棕黄色、灰棕色，鲜品多带紫红色，全体瘤状突起多见，顶端多伴牙痕、茎基。质地坚实，中心有髓，断面淡黄色。菊三七具有散瘀止血、消肿定痛的功效。

（2）藤三七：落葵科植物，气微，味微苦，咀嚼有黏滑感。外表呈灰棕色、灰黄色，表面见瘤状突起、点状须根痕、不规则皱纹，部分藤三七瘤状突起脱落而留有圆形瘢痕。其质地坚硬，不易折断，断面呈现淡黄色、类白色，稍呈颗粒状，块茎呈现不规则圆锥形或圆柱形。藤三七具有活血消肿的功效。

（3）莪术：又名“蓬莪术”“桂莪术”“温莪术”，属菊科植物。根茎呈卵圆形或者圆锥形。表面呈棕褐色或者灰黄色，有明显的环节，基底部密，中部较稀疏，节上有圆形的凹陷痕迹或者须根残基，多伴雕刻痕迹。中柱与皮层不紧密，易分离。体重，质地硬，断面可见点状维管束。莪术具有消积止痛、破瘀行气的功效。

（五）沉香

沉香为瑞香科植物白木香［*Aquilaria sinensis*（Lour.）Gilg］含有树脂的木材。《本草纲目》中记载：“沉香，气味辛，微温，无毒。主治：风水毒肿，去恶气；主心腹痛，霍乱中恶，邪鬼疰气，清人神；调中，补五脏，益精壮阳，暖腰膝，止转筋吐泻冷气，破症癖，冷风麻痹，骨节不任，风湿皮肤瘙痒，气痢；补脾胃，益气和神。治气逆喘急，大肠虚闭，小便气淋，男子精冷”。在《本草备要》中也曾记载，沉香是行气药中的最上等，可以理气调中，通过疏通内脏机能调节人体内气运行。沉香，辛、苦，微温，归脾、胃、肾经，具有行气止痛、温中止呕、纳气平喘的功效，用于治疗胸腹胀闷疼痛，胃寒呕吐呃逆，肾虚气逆喘急。沉香拥有极其独特的香味，直至今日，仍无法人工复制合成，其香安定魂魄，佩戴沉香在身，经过体温加热后，香味不经意间飘入鼻腔，可以提神醒脑，也有助于稳定心神。古人常说的“沉檀龙麝”，分别是沉香、檀香、龙涎香和麝香，而沉香因为香味独特、香品高雅，十分难得，自古以来即被列为众香之首。所以沉香是世界五大宗教共同认同的稀世珍宝。沉香的药用价值极高，是我国沿用历史悠久的珍贵中药。

1. 形成

健康的沉香树是不会凭空产生沉香的。它必须在特定的情况下受到创伤，如遭受雷劈、强风吹折或兽虫啃咬、人为砍伐等形式受创后，出于植物的本能会分泌树脂抗体来弥补创口。这期间，沉香树的创口部会被一种称为“黄绿墨耳真菌”的微生物所感染，这种真菌为了在树体中顽强生存，就会逆境代谢。树本身的抗体类物质和侵入树体内的黄绿墨耳真菌等物质混合在一起，渐渐产生了一种名为“苄基丙酮”的化合物，随着生化过程的深入，继而又形成了倍半萜和色酮类化合物。而这两大类物质混合后的产物就是沉香。简单来说，沉香是沉香树本身因外力受创后，分泌出来的物质与一种真菌混合而成的。沉香的形成是非常偶然的，一块优质沉香的形成过程需要上百年甚至数百年的时间。即使在科技如此发达的今天，人们仍无法人工合成、复制沉香的奇特香味，所以更突显沉香的珍贵。据研究，沉香树的汁液导管要三十年才能发育完全，而若要结出上等沉香，又要一二十年，从植栽到取香要花费两代人的时光。

因此现代人们常进行人工结香。种植沉香树的工人，保留主杆不动，而用电钻在约手臂粗的枝干上打孔，要深入木质部，却又不能穿透树干，钻孔后，在伤口上涂满泥浆，使钻口感染真菌，这就是“开香门”。次年夏天，砍伐树枝后，将未结香的白木削去，就可在钻孔四周切出变质棕黑色化纹沉香。但即使是这种办法，也是需求至少10年树龄的沉香树才能结香。这种香很少能水沉，主要用于配药，若要结得好香，至少要3年才有可能。

2. 主要特征

沉香呈不规则块片或长条状，有的是小碎块。表面凹凸不平，有加工的刀痕，有棕黑色微显光泽的树脂和黄白色不含树脂部分交互形成的斑纹。质疏松，大多不沉于水。断面刺状。有特异香气，味微苦。燃烧时有浓烟及强烈香气，并有黑色油状物渗出。以色黑、质坚硬、油性足、香气浓而持久、能沉水者为佳。

3. 注意事项

（1）看：天然的沉香不可能没有瑕疵，色泽不可能均衡雷同，含油量分布不可能处处一样。真的沉香结香之处，有鸡翅纹（也有称“针花纹”），古代称鹧鸪斑，油线会有红色、绿色和黑色。在拿到沉香的时候可以仔细查看沉香的纹理和油线，真沉香即使用肉眼观察，也能够清晰地看见油线，并且没有规律感。同时，真沉香的油脂通过韧皮部向外扩散，品质好的油脂饱满，会覆盖周围的油脂线，再好的质地，也不会有纯黑的色泽，总能看到浅色的木质。如果过于规整，那很可能有问题。“生则色如墨、熟则

重如金，奇楠坚如金、润如玉、香如蜜”。

（2）闻：是最重要的鉴别手段，一般沉香的味道刚开始闻觉得像某种熟悉的药材，仔细一闻却想不起到底是什么味道。闻沉香主要手段是“钻”，即真沉香的味道是沿着线丝状的路径钻到鼻子里的，要证实这点，只要点燃沉香仔细看它烟的路径就知道，烟是丝丝散发的。另一个判断的手段是“透”，把沉香装入袋子里，合紧，真正的沉香的香味是可以透过这个袋子散发出来的。沉香的所有香味源于油脂，而分辨沉香真假最为核心的一点，便是味道上的差异。虽然产地不同，沉香香味也会有差别。但真沉香的香味并没有想象中的那么夸张（根据结油面积的不同，也会有强弱的区别）。它是淡雅的、悠远的，香味非常柔和，让人愉悦。一般来说假的沉香是越靠近越浓，真的沉香却是远处比近处浓。这点是有区分的。天然沉香的香味是大自然赋予的至真至纯的香，但产地不同，沉香香味也会有差别。①莞香树（白木香）：气味清扬甘甜、浓郁，且扩散力强，香味持久。莞香树是世界众多产区中独树一格、极富代表性的种类，适合煎香、泡茶、泡酒、制药等。燃烧时无烟，气清香，供观赏及祀神，有祛潮避秽之功。②蜜香树（沉香）：甜味很大，香味上多为清凉、甘甜，且有着多变的香韵。初闻之时，仿佛置身花之世界，令人印象深刻。柬埔寨菩萨省附近所产沉香是蜜香树所结沉香中较为特别的。其蜜香味十足，细品之下，带有果甜与乳香味，生品就有丰富的层次感。蜜香树生长周期长，树脂线较细，结出的沉香以片、壳、虫漏小块为主，质地脆硬，生闻味道淡，不适合做手串和雕件，适合制作线香，打成粉或作熏料。③鹰木树：主要分布于印尼和马来西亚。这里所产沉香古时多在星洲（新加坡旧称）交易，故又称为“星洲沉香”。星洲沉香的韵味参差不齐，总体而言比不上前两种，但坚硬的质地却是它们所不及的。油脂丰富可沉水的星洲沉香，表面色深油亮，极为适合制成珠串雕件，具有较高的把玩价值及观赏性，这点弥补了沉香“朽木”质地的缺憾。星洲沉香的韵味虽然缺少清扬通透之感，却带有醇厚浓郁的芬芳，达拉干产沉香的芳香、马来沉香的乳香、文莱沉香的甜雅等，众多韵味，可让人享受更为丰富的嗅觉盛宴。脂线粗大，木质疏松，受伤以后一般容易大面积结香，由于鹰木树沉香生闻香气很浓郁、稳定、纹理清晰，是用来制作手串、雕件的上等材料。但烧起来味道不好闻，因此不适合制作线香和用于熏烧。

（3）摸：看起来好似有层油，但摸着不脏手，手的感觉也是不油的。

真正的沉香用手握在手心里有冰凉感。用手擦拭沉香表面，会发现真的沉香摸起来手感圆润。戴上普通的棉质手套轻轻盘上几分钟，会出现轻微的包浆，并且会越擦越亮。

（4）烧：经过以上三个步骤还没法去辨别真假的话，那我们用明火直烧的方法去闻它的味道，或用电熏香炉取其小片直接熏闻，真沉香味道是香醇单一的。我们可以燃其边角部分，一切就都明了。“假沉香”燃烧时有一种很刺鼻的味道，可明显感觉到是化学的东西，燃烧后，好像有一层厚重的油脂黏附在上面。“真沉香”燃烧时散发出来的香味是很淡雅、柔和的，燃烧后感觉也很细腻。

（5）放大镜下分辨沉香真假：放大镜鉴定沉香准确率是最高的。沉香有它独特的组织结构。韧皮部（筛管、油管、油线）的主要功能是有机物质的运输。①筛管，存在于韧皮部，运输有机物，由上到下，是活细胞。②导管，指维管植物木质部由柱状细胞构成的水分与无机盐长距离运输系统，从而形成纵向连续通道。导管存在于木质部，运输水和无机盐，由下到上，是死细胞。③射线，在木材横切面上从髓心向树皮呈辐射状排列的射线薄壁细胞群，是树木体内的一种贮藏组织。木射线是木材中起横向输导养分作用的组织。④木纤维，是长形两端渐尖的厚壁组织细胞，在植物体中主要起支持作用。鉴别沉香，最方便的方法就是观察其韧皮部与导管的形状和排列。沉香的韧皮部多呈月牙形或梭形，导管呈椭圆状，导管通常比韧皮部小，两者呈互相垂直排列。

沉香中还有一个特殊的品类，那就是奇楠香。习惯上让它单成一类，且列为沉香中的上品。奇楠香的特点：第一，奇楠最重要的特征为直丝较软，有黑色的油线纹。斜切面有油线眼纹（类猪皮毛眼状）。质软，用香刀削下碎片可搓揉成球。第二，奇楠比普通沉香散发香味能力要强，不需燃烧也会闻到有很大的香气。第三，奇楠加热或熏香时，味道变化不定，有头香、本香和尾香之说，味道不一。第四，奇楠密度较大，与普通沉香含油量相同的情况下，普通沉香沉水，奇楠未必沉。第五，奇楠入口辛麻味辣，咀嚼后会感到黏牙。第六，奇楠含油极其丰富，但表面却不会像普通沉香那样光亮，而呈亚光色。奇楠还可划分为生结和熟结，生结的白奇楠的香味是奇楠中味道最好的。白奇楠有极强的穿透性，其次是熟结的绿奇楠和黄奇楠。绿奇楠有类似于白奇楠的凉凉香味，但有别于白奇楠的香韵，绿奇楠的香韵更加内敛。黄奇楠非常罕见，虽无其他奇楠的那种凉意，但是他那浓浓的奶香味和蜜香的香甜，无不让人沉迷其中。

4. 常见伪品

越南进口伪品呈圆柱形或不规则的块状，多弯曲，圆柱形者底部多有锯痕，表面黑褐色有明显的纵皱纹，有刀痕，一端常有空洞，洞内呈朽木状。质坚实而沉重，多沉水或半沉水，难折断，断面刺状，嗅之不具有沉香的香气，燃之冒黑烟，有油渗出，微有香气但与沉香的香气显著不同。

（六）菊花

菊花为菊科植物菊（*Chrysanthemuom morifolium* Ramat.）的干燥头状花序。菊花始载于《神农本草经》："味平苦，主诸风头眩，肿痛，目欲脱，泪出，皮肤死肌，恶风湿痹，久服利血气，轻身耐老延年。"菊花，辛、甘、苦，微寒；归肺、肝经；具有疏散风热、平抑肝阳、清肝明目、清热解毒的功效；用于风热感冒，头痛眩晕，目赤肿痛，眼目昏花。

1. 分类

因产地不同，分类不同。主产于安徽亳州，涡阳及河南商丘者称"亳菊"；产于河南武陟、博爱者称"淮菊"；产于四川中江者称"川菊"；产于安徽歙县，浙江德清者称"贡菊"；产于安徽滁县者称"滁菊"，品最佳；产于浙江桐乡，吴兴者称"杭菊"。按照加工方法不同，分为三种：①亳菊，因扎把，故将把倒挂，防日晒雨淋，至冬至以后再将花序摘下阴干或晒干。②杭菊，将摘下的鲜花放入蒸笼内蒸，待上大气后，取出晒干，蒸时要注意锅中水不宜过多，以免浸入菊花，蒸的时间不可过长，否则容易过熟，亦不可过短，否则花色不白，两者中的任意一项掌握不好均影响质量。③贡菊，多采用烘干的方法，烘时要轮流更换，不宜一次烘干，以免烧焦走色。注意菊花的采收宜在晴天露水干后进行，湿花摘下容易腐烂变质。

2. 主要特征

（1）亳菊：呈圆盘或扁扇形。花朵大，饱满，瓣多紧密，不露心，花瓣长宽，白色，近基部微带红色，体轻、质柔软，气清香，味甘微苦。

（2）滁菊：呈绒球状或圆形（多为头花），花小，瓣细紧密，色粉白，花心较大，黄色，总苞色较绿，质柔，气芳香，味甘微苦。

（3）贡菊：花头小，花瓣密，白色，花蒂绿色，花蕊小，灰黄色，均匀不散朵，体质轻较柔软，气芳香，味甘微苦。

（4）药菊：（环菊、川菊）条大、花瓣肥厚，花黄白色，间有浅红或棕红色。花心小，浅棕色，质松而柔，气芳香，味微苦。

（5）杭菊：呈蝶形或扁球形，朵大瓣宽而疏，类白色，花心较大，深黄色，气清香，味甘微苦。

3. 注意事项

菊花容易发霉，长虫，市场上菊花质量参差不齐，挑选时主要以花朵完整、颜色鲜艳、气清香、少梗叶者为佳。

（1）不能选颜色太过鲜艳和漂亮的菊花，其可能经硫黄熏制过。此类菊花用开水冲泡后，有刺鼻的硫黄味。

（2）不能选颜色发暗的菊花，这类菊花是陈年的老菊花，受过潮，可能存在发霉现象，这种菊花吃了对身体无益甚至有害。因此要选择有花萼，且花萼偏绿色的菊花，这意味着这种菊花是新鲜的。

（3）通过手摸，若感受到的菊花是松软、顺滑的，且花瓣不脱落也不零乱，这类菊花是刚开花就采摘了的，新鲜且质量好。

（七）砂仁

砂仁为姜科植物阳春砂（*Amomum villosum* Lour.）、绿壳砂（*Amomum villosum* Lour. var. *xanthioides* T. L. Wu et Senjen）或海南砂（*Amomum longiligulare* T. L. Wu）干燥成熟果实。其性味辛温，归脾、胃、肾经。其具有化湿行气，温中止泻，安胎之功效。

1. 分类

阳春砂主产于广东阳春；绿壳砂主产于广东广宁；海南砂主产于海南。进口砂仁习称“缩砂”，主产于泰国、越南等地。阳春砂、海南砂、绿壳砂在8～9月果实成熟时，用剪刀成簇剪下，放在竹筛子内，摊平，厚度不超过10cm，上用湿麻袋或草席盖（以防香气走散），以木炭为燃料文火隔火烘焙，待焙至5成左右，取出趁热喷水，使果皮骤然收缩，或取出后晾凉，先用手轻轻压实，盖上稻草，后以重物加压一夜，使果皮与种子团紧贴，次日将压实的果实复放筛上，再隔火烘焙，至干燥为止，摊凉后即可。

2. 主要特征

（1）阳春砂：卵圆形或椭圆形，有不明显的三棱，有果柄，有单个或数个果实连在一条果柄上，果皮棕褐色，密生刺状突起，皮薄而软，与种子团紧贴。种子团呈三棱形，分三室，中有白色隔膜，每室有种子8～20粒，气芳香，樟脑气味浓郁。味辛微苦，品质最佳。

（2）绿壳砂：呈棱状长圆形，果皮表面淡红棕色或棕色，果皮片状突起较多，种子团较小，间有瘪瘦果，气芳香。

（3）海南砂：呈椭圆形或卵圆形，有明显的三棱，果皮表皮被片状、分枝的短软刺，多倒刺，淡棕色或棕褐色，皮较厚而硬，且与种子团不紧贴。种子团三棱形较明显，分成三室，每室有种子5～17粒，气味稍淡。

（4）缩砂（进口砂仁）：果实卵圆形，略呈三棱状，硬端略尖，较阳春砂略小，果皮刺状突起较细，并可见纵纹。种子团三棱形，分成三室，每室有种子10～20粒，为不规则多角形，棕黑色，气味不及阳春砂，仅有香气且性凉。一般进口时已除去果皮。

3. 注意事项

（1）主要挑选个头较大，果身坚实、饱满，香气较浓的砂仁，同时搓它的果皮，如果果皮不易脱落，则此种砂仁较好。不宜购买个小、不饱满、发瘪、搓之果皮易脱落的砂仁。

（2）正品砂仁呈椭圆形或卵圆形，有不明显的三棱，外表棕褐色，有密生刺状突起，果皮薄而软；而伪品艳山姜多呈球形或长倒卵形，外观为橙黄色或棕红色，无密生刺状突起，而是有一层短柔毛或扁形柔刺，纵棱线突起。

（3）打开砂仁后会发现，砂仁种子聚结成团，分成3室，每室有种子近30粒，而且分2～3行紧密排列，呈不规则的多面体，有棱角。而伪品艳山姜种子每室仅5～15粒，外形一端平截，一端稍窄。

（4）正品砂仁有一股浓烈的芳香气味，用口尝之味辛微苦，性温；而伪品气微香，味微苦辛而涩。通过气味能轻松辨别真假砂仁。

（八）白术

白术，为菊科植物白术（*Atractylodes macrocephala* Koidz.）的干燥根茎。因其根干枝叶之形像篆文“术”字故名。白术始载于《神农本草经》，原名“术”（包括苍术、白术）。陶弘景曾提及术有白术、赤术二种。宋代《本草衍义》更明确地指出有苍术、白术之分。白术，甘、苦，温，具有益气健脾、燥湿利水、止汗、安胎之功效，常用于脾虚便溏、泄泻、水肿、气虚自汗、痰饮、小便不利、头晕、胎动不安等。

1. 分类

白术主产于浙江的嵊州、东阳、盘安、昌化、仙居，安徽的歙县、黄山、宁国，湖南的平江、德阳和湖北、江西、四川等地，以浙江产量最大，是“浙八味”之一。而“浙术”由于产地不同又可分为於术、杭术、扣子术（金线术）、白术（大山货、小山货）等。徐老根据多年积累的经验，认为“浙术”以於术为上品，杭术、扣子术为中品，白术为下品。

2. 主要特征

（1）於术：产于浙江临安的於潜、昌化、天目山一带。其形细瘦，呈拳状团块，上部留有一段地上茎，弯曲如鹤腿，俗称“鹤形野术”，外皮红润光泽，有瘤状突起及断续的纵皱及沟纹，下部两侧膨大俗称“云头”，断面黄白色，有放射状纹理，并有“朱砂点”。气清香，甜味强而辣味少，嚼之有黏性。於术属白术之最，该商品已基本绝迹。现有少量看到的，是将新昌的白术种子播种在於潜、昌化、天目山一带的栽培品。但断面“朱砂点”较少，质量不如原有於术。

（2）杭术：主产于浙江余杭一带。形如於术而略大，皮红肉白，断面“朱砂点”较少，味甘微辛，嚼之略有黏性。质量略次于於术，产量也很少。

（3）白术：又分为小山货和大山货。小山货产于浙江嵊州一带。根茎呈不规则的拳状团块，其形体瘦小，长2～7cm，直径为2～4cm。表面为灰棕色或棕黄色，有瘤状突起。下面两侧膨大似如意头，俗称“云头”，向上侧渐细，有的留有一段木质地上茎，俗称“白术腿”。质坚硬不易折断，断面不平坦或有裂隙，外圈黄白色，中间较深，略有“菊花纹”及“朱砂点”。气清香，微甘微辛。大山货产于浙江东阳、盘安一带。形状如小山货，但形体较大，长3～13cm，直径为2～7cm。大山货、小山货是目前浙术的主流产品，产量较大，占浙术产量的90%以上。

（4）扣子术：产于浙江龙泉一带。形如白术，但细小，像扣子。长2～5cm，直径为1～3cm，其根茎保留一段细长茎，如“金线吊葫芦”，俗称“金线术”。因当初加工者为仙居人，也称“仙居术”。品质较优。

3. 常见伪品

（1）菊三七：根茎为不规则圆形的团块，长2.5～8cm，直径为4～7cm。表面灰黄色或土棕色，有瘤状突起，顶端有残留的茎基。质坚硬、不易折断，断面有不规则的纤维。烘干者断面棕色，角质状，无裂痕，无油点。气特异，味淡、微苦。

（2）关苍术：根茎多为结节状圆柱形。表面深棕色，有横纹，断面平坦，纤维性强。有棕红色油点散在。气特异，味辛，微苦。

（九）败酱草

败酱草为败酱草科植物黄花败酱（*Patrinia scabiosaefolia* Fisch. ex Link.）或白花败酱（*Patrinia villosa* (Thunb.) Juss.）的干燥全草。古人云："夏三月，苦入心，心恶热。夏日吃苦，胜似进补，夏热则燥，燥易伤肺。而苦能泻火，清下焦之热。小满之日苦菜秀，夏三月宜食苦，能益心和血通气也。"苦菜也就是败酱草，是中国人最早食用的野菜之一。《诗经》中曾经写有："采苦采苦，首阳之下。"小满后前人多食用苦菜，《神农本草经》将其列为上品，久服可安心益气、聪察少卧、轻身耐老，可抗菌、解热、消炎、明目。小满后病菌多生，炎症多发，败酱草恰是此酷热时节所需之药。败酱草，辛、苦，微寒，具有清热解毒、消痈排脓、祛瘀止痛之功效，用于治疗肠痈、肺痈、妇科脘痛等多种疾病。

其主要特征如下所述。

（1）黄花败酱：根茎圆柱形，表面暗棕色至暗紫色，有节，节间长2cm以下，节上生细根，多向一侧弯曲。茎圆柱形，黄绿色至黄棕色，节明显，主茎上一侧有白色粗毛。叶对生，叶片羽状深裂或全裂，开小黄花，结瘦果，具败酱气味，味微苦。

（2）白花败酱：近似黄花败酱，唯根茎节间长3～6cm，节上生有较粗的根。茎上部不分枝，有倒生的白色长毛及纵棱，茎生叶不分裂，花白色，瘦果倒卵形，亦具败酱气味。

败酱草的主要混伪品是苣荬菜（北败酱）和菥蓂（苏败酱），在全国应用较广。

（十）其他药材

（1）犀角："天沟、地岗、马牙边、龟背盘、砂底明显"。

（2）羚羊角："通天眼、环纹节、羚羊塞，无影纹，乌云盖顶"。

（3）麝香：当门子在油皮外面，正对囊孔处，好似挡着门口，故名"当门子"，形似羊粪状，大小不一，黑而无光亮，内部黄棕色，是香囊中的精华。整麝香的鉴别：①用槽针从囊孔插入，向不同方向转动，抽出槽针，有冒槽现象，香气浓烈，不应有纤维等异物或异常气味。②取麝香仁少许，放手掌中，用手搓之成团，触之即散，不粘手。③取麝香仁少许，置热坩埚或金属片上灼烧，初则迸裂，随即熔化，油点似珠，膨胀冒泡，香气浓烈四溢。灼烧后几乎全部灰化，无残渣。燃烧时无毛、肉焦臭，无火焰、火星出现。④口尝具有辛、甘、酸、苦、咸五味，口尝时先苦而后甜，入口有刺舌感，习称“钻舌”，并有凉浓郁香气，直达舌根嚼之溶化而无渣。⑤取麝香少许，放入水中，浮于水面，水色则呈黄棕色，水液澄清。⑥推灰。于水面撒一薄层细草木灰，放入麝香仁后应不被推散。⑦穿刺试验。用葱捣汁，将细线浸过（现用现浸），引穿过香囊二三次，线上的葱汁味应完全消失。⑧纸压法。用易吸水之洁净纸，取麝香少许置纸上，将纸对折，稍用力挤压，纸上不留水迹和油迹，纸也不染色。⑨放在锡纸上会跳走者。

（4）牛黄：分国产牛黄和进口牛黄。以产地不同，分为京牛黄（北京、内蒙古自治区一带）、东牛黄（东北地区）、西牛黄（西北及河南一带）、金山牛黄（加拿大、阿根廷等国）、印度牛黄等。按其生长部位和形状不同，又分胆黄和管黄两种。商用牛黄又分天然牛黄和人工合成牛黄。①国产牛黄（京牛黄）：表面和内层均为红橙色或棕黄色，深浅不一，挂有黑光亮的薄衣，习称“乌金衣”，断面呈环形同心纹、层层包裹，如树木之年轮，纹理清晰而均匀，偶有白色斑点夹杂其中，味微苦而回甜，并有清凉感，加清水调和涂于指甲上，能将指甲染成黄色，习称“挂甲”。②京管牛黄：多呈短管状，粗长如小指，内外均呈棕褐色，深浅不一，断面显重叠层，但不及胆管牛黄明显，质比胆管牛黄次。③金山牛黄：色泽不如国产牛黄鲜艳，表面呈棕黄色至焦棕黄色，断面纹理稍厚，质稍逊于国产者。④印度牛黄：形状与国产牛黄相似，唯色泽“发呆”，呈土黄棕色或灰黄棕色，断面纹理薄厚不均，无清凉感，并稍带有腥味而苦。

（5）木香：“形如枯槁”，外表粗糙网状纹，断面有棕色环、放射纹，存在油点。

（6）川木香：“形如铁杆或槽子”，根头黑色而发黏，习称“糊头”，油点稀少，有放射纹，嚼之黏牙。

（7）龙胆：“簇生马尾状”，根条细长，色棕黄，上部横纹下褶皱，质坚易折显木心，筋脉花纹排成环。

（8）桔梗：顶端芦碗明显，断面“金井玉栏”菊花心。

（9）山柰：“缩皮凸肉辛辣味”，外皮皱缩，中柱部分比皮层突出，称为“缩皮凸肉”。

（10）僵蚕：“胶口镜面”，断面有4个褐色闪光发亮的胶状圆圈，为丝腺环。

（11）党参："狮子盘头，皮松肉紧，质柔味甜"，党参根头部膨胀呈疣状，习称"狮子盘头"。东党的狮子头较大；西党的次之；条党、潞党的较小。党参质坚、皮松，有弹性，味甘甜浓厚，嚼之无渣。

（12）黄芪："金盏银盆"（玉盏金心），质绵粉性足，嚼之有豆腥气。横切面皮部为乳白色，木部黄色，称为"金盏银盆"。以内蒙古产者为道地药材，质量最佳。按产地不同而分为卜奎芪、宁古塔芪、正口芪、绵芪、红芪。按加工方法不同分为冲正芪、正炮台芪、副炮芪、正小皮、副小皮等。

（13）女贞子："皱缩似肾形"。表面皱缩不平，黑紫色，剖开种子大多一粒，似肾形。

（14）泽泻：表面呈不甚规则的横环纹，为地下块的节，习称"岗纹"。建泽泻较川泽泻明显。

（15）车前子："开眼"稍凸一面的中部有一灰白色小圆点，称"开眼"，为种脐。

（16）款冬花："形如笔头，绿衣红嘴蜘蛛丝"。款冬花有黄花、紫花2种。一般认为黄花质次，紫花质优。紫款冬花以5个花朵着生一起的称佛手冬花，3个花朵连生的称三星冬花。以甘肃灵台，陕西榆林产者质优，习称"灵台冬花"。绿衣指冬花（棒状）头状花序下的总苞（数列苞片围成），呈紫红色，带绿色。红嘴指冬花顶端没有开放的舌状和管状花，呈淡红色，开后变黄色。

（17）苍术："朱砂点，起白霜"，在断面散有多数棕红色的油点，习称"朱砂点"。暴露稍久，可以析出白色毛状结晶，习称"起霜"。

（18）黄连："鸡爪黄连有过桥"，味连分枝多，聚集成簇，似鸡爪。根茎中有一端平滑、无横纹，长短不一的杆状物，习称"过桥"。雅连多单枝，过桥较长。云连多为单枝，较小，过桥也较小。

（19）紫菀："辫子紫菀，边紫中灰"，根茎呈不规则块状，其下簇生多数须根，形如马尾或交织成辫。断面灰白色，边缘紫色。

（20）白芷："棕色小点疙瘩丁，形成层有圆或方"。杭白芷的横向皮孔突起，排列成四纵行，使根呈四棱形，断面皮部多数散有棕色小点，形成层呈四方形。川白芷似杭白芷，唯疙瘩丁排列不规则，形成层呈圆形。

（21）朱砂："朱宝砂，镜面砂，豆瓣砂"。呈细小颗粒或粉末状，色红明亮，触之不染手者，习称"朱宝砂"。呈不规则板片状，斜方形或长条形，大小厚薄不一，边缘不整齐，色红而鲜艳，光亮如镜而微透明，质松脆者，习称“镜面砂”。块状较大、方圆形或多角形、颜色发暗或呈灰褐色，质重而坚，不易碎者，习称“豆瓣砂”。一般以色鲜红、有光泽、体重、质脆者为佳。以湖南辰州（今沅）产的较好，故又有“辰砂”之称。目前人工合成的辰砂又称“平口砂”及“灵砂”。它是以水银、硫黄为原料，加热升华而成。本品完整者呈盆状，全体暗红色，断面呈纤维状，习称“马牙柱”，具有宝石样或金属光泽，全体质松脆，易破碎，无臭、味淡。

辨药奇才，经验丰富，略举一二。摘记经验鉴定口诀。

羚羊特征通天眼，犀角天沟马牙边，牛黄熔化不黏牙，龙骨竺黄能吸舌，天麻上端鹦哥嘴，铜皮铁骨参三七，玉带束腰毛慈姑，苏子空心菟丝突，韭字皱纹葱子光，青葙缺刻鸡冠圆，女贞肾形冬青圆，商陆凸出螺旋纹，狼毒花纹云头全，形如枯骨老木香，花粉干姜粉面浪，茜草红血紫草柔，鲜皮白色气羊膻，朱点有粉西麻黄，辛辣内白被细辛，双核肾形北五味，入水是黄西红花，鹅管白前实白薇，广藿微绒土似毛。

马尾当归；马蹄决明；鸡骨常山；鸡头黄精，姜形黄精；蝉肚姜黄；剑脊螵蛸；鬼脸升麻，网状筋脉；鸡褪秦艽，萝卜秦艽，麻花秦艽，马尾秦艽；鹅眼青皮；钉头赭石；蚕羌，竹节羌，条羌，大头羌；朱心麻黄，鸡腿前胡；鸡肠川朴；鸡舌白前；凤尾橘络；虎掌南星；金毛狗脊；红毛大戟；龙胆白薇；元宝浙贝；猪牙皂等。

商陆的“罗盘纹”；首乌的“云锦纹”；肉豆蔻的“槟榔纹”；防己的“车轮纹”；白术的“云头鹤颈”；知母的“金包头”；花蕊石的“彩晕”；蕲蛇的“龙头虎口翘鼻头，芳胜纹，佛指甲，念珠斑”；香橼皮的“金钱环”等。

（十一）道地药材

“道”是指历史地理上区域划分。“地”是指该区域的资源所产。道地药材是指该地域所产，历史悠久，质优可靠，疗效确切，群众公认的药材。

（1）东北地区：人参、鹿茸、五味子历来有东北三宝之称，此外有北细辛、关木通、关黄檗、关白附、哈士蟆等。

（2）华北地区：山西潞党参，内蒙古甘草、黄芪、麻黄、苁蓉、锁阳，河北知母、枣仁、连翘、黄芩等。

（3）西北地区：宁夏枸杞、银柴胡，甘肃当归、大黄，新疆紫草、羚羊角、陕西冬花等。

（4）中南地区：河南地黄、牛膝、山药、菊花，习称四大怀药，湖北的茯苓、厚朴，湖南杜仲、玉竹、栀子，广东砂仁、益智仁、沉香、陈皮、藿香、防己，广西蛤蚧、化橘红等。

（5）西南地区：四川的川芎、川断、川贝、川连、川乌、川牛膝、川郁金、天麻、佛手等，云南三七、云木香、云黄连，贵州吴茱萸、蜂蜜，西藏冬虫夏草、麝香等。

（6）华东地区：山东北沙参、瓜蒌、金银花、阿胶、全蝎，江苏薄荷、明党参、太子参，安徽丹皮、木瓜、菊花等，上海地龙，江西枳壳、枳实，福建泽泻、米仁，浙江白芍、白术、玄参、元胡、郁金、麦冬、浙贝、菊花，习称浙八味及山茱萸、白芷等，铁皮石斛、衢枳壳、乌药、三叶青、覆盆子、前胡、灵芝、西红花为新“浙八味”中药材培育品种。

第三节　学以致用，重在实践

明朝初年的林鸿曾有诗说：“古人既已死，古道存遗书，一语不能践，万卷徒空虚。”我们学习古典医籍的目的，就是通过读书获得“间接经验”，再通过实践获得“直接经验”。读经典之所以重要，是为了更好地指导实践。徐老在讲授时，要求学以致用，重在实践，熟能生巧，才能发挥医典的作用。中药材的实践无疑是将理论知识运用到实际操作之中，如徐老总结：为了降低吴茱萸的毒性和燥性，可用18%～20%的甘草汁泡至裂开或煮沸至透，汤液被吸尽，再用文火炒至微干，取出晒干。这样甘草汁泡吴茱萸，刚被吸尽，熟至透心，既省时省力，又能达到炮制的目的。又如蛤粉炒阿胶，控制阿胶块在1cm左右，先用1小块阿胶试锅内温度，若能迅速膨起，变成深黄色，即可投入一定量阿胶，迅速翻炒至鼓起呈圆形，表面深黄色，无“溏心”时取出。继承的目的在实践应用，在实践应用中更能体现本草的精华。本节重点讲述徐锡山教授在中药材加工炮制、中药材种植、冬病夏治等方面实践中所总结的经验。

（一）中药材加工炮制

徐老在近80载的中药工作中，掌握了一套过硬的加工炮制技术。

《中药炮制小灶操作方法》一文，钱松洋老师总结了徐老在几十年工作中，根据临床医疗的需要，进行的特殊的加工炮制经验，其中“两味同打，两味同炒”，习称“小灶”的经验，有其独到之处，颇受欢迎。两味同打是根据临床用药需要，将两味药按一定比例，放在容器内打碎或打烂，如五味子同干姜、鲜生地打淡豆豉、砂仁打熟地。两味同炒是根据临床用药的需要和要求，将两味药按一定的比例进行特殊加工炮制，如枳壳炒白术、乳香炒丝瓜络、谷芽炒玫瑰花、白芍炒桂枝、吴茱萸炒黄连。

《煎制冬令滋补膏》体现了徐锡山教授对煎煮时水与药的比例、时间、火候、浓缩程度等作的一系列摸索。例如，徐老认为，草类、花类加水量应为药材10倍为宜，贝壳类、矿石类加水量为药材5倍为好。煎煮3次，头煎加水为全量5/10，二煮为3/10，余水加三煎等煎膏的一些经验总结。

《蒸法炮制批量苦杏仁的工艺与蒸制品的质量标准探讨》一文总结了批量蒸法炮制苦杏仁的经验。从破坏苦杏仁酶效果比较，以蒸30分钟为最完全。炮制批量苦杏仁的工艺应为：将苦杏仁原药材净选后，置蒸具内以流通蒸汽蒸至上气（95℃时开始计时）再维持30分钟，取出，干燥即成。

《浅谈高温锅锻制枯矾的方法》中徐锡山教授也总结了一种用高温锅锻制枯矾的方法：取原药，除去杂质，选玻璃样光泽白净的优质白矾，粉碎过18目筛。铁锅用武火加热至锅体40%见红时，取白矾粉500克，迅速撒入锅内，令白矾均匀撒开于锅面（厚为1～1.5cm），使其受热均匀，易熔发泡。待2～3分钟后锅沿部分白矾水气逸尽，呈蜂窝状，但仍可见小量聚集在锅心的白矾因水气未净在沸腾。此时可用戴手套的双手将锅倾斜旋转，令其缓缓移动1～2圈，使沸腾的白矾向周边流动，以加速水汽蒸发，然后先将锅沿的枯矾徐徐铲出，对尚有部分在锅脐上而未煅透的枯矾，可将其铲起翻身，使其继续在高温锅中煅制，煅至水气逸尽，洁白色，无光泽，呈蜂窝状块时铲出，摊凉、碾碎即可。

（二）中药材种植

徐锡山教授对麦冬的栽种、生长也颇有研究，《徐锡山主任药师对麦冬栽培及辨别的经验》一文徐老总结了在麦冬栽种、生长期间应注意的事项。

（1）种苗处理：麦冬起土后，敲去泥土，斩去块根和须根，切掉部分叶尖及老根茎（剪时以茎断面出现白心，又称菊花心，叶片不散开为度），敲松基部，选取无病、健壮的单株。

（2）栽种方法：麦冬种苗处理方法不同，栽种上也有差异，对产量影响较大，一般采用小丛栽种的方法。将无病、健壮的种苗浸入水中24小时左右，使其充分吸水，然后用种刀垂直切开土壤，株距15～20cm，行距25～30cm，每穴栽苗10～12株。栽种时要保证同一丛苗基部整齐，排成扁形，垂直入土，然后将土压实，深3～4cm，使苗直立稳固，做到地平苗正。种时不能过深，过深会变成高脚苗（俗称二层楼），块根长得少。但也不能栽得太浅，太浅苗根则露出地面，易被太阳晒死。

（3）栽种时间：清明至谷雨下种的麦冬，块根既长又粗，质量好，单位面积产量比小满下种的多。

（4）叶丛生长：麦冬栽后，新叶抽生相当缓慢，一般栽后3个月才开始分枝、生叶，11月至第2年4月为分枝盛期。

（5）发根：麦冬1年发根2次，第1次在7月之前，根从老苗基部或老根发出，细而长，一般不会膨大成块根；第2次是从8月开始，到10月是发根的盛期，这些根大部分是从分枝或老苗基部下发出，短而粗壮，能膨大成块根。第2年发的根多，形成块根的也多，第3年发根较少。

（6）块根形成：块根一般从10月下旬开始形成，11月为块根膨大期，1月气候较冷，块根膨大缓慢。到第2年3～4月随着气温的回升，块根迅速膨胀。

根据以上栽培及生长特点，在种植麦冬时要掌握各生长环节，加强田间管理，注意适时施肥、浇水、松土。

浙麦冬和川麦冬在性状上有较大区别。浙麦冬呈纺锤形，两头钝尖，中部肥厚，略扁稍扭曲，长1.5～3cm（寸麦冬），直径为3～6mm。表面呈土黄色，半透明，有不规则的纵皱纹及须根痕，质柔韧，断面黄白色，半透明，中间有木心，气微香，味微甜，嚼之有黏性。川麦冬根块较瘦长，中部不肥满。表面多呈乳白色，新产者质柔软，干燥后质坚硬、木心细软，香气小，味较淡，嚼之不发黏。

（三）冬病夏治

“冬病夏治”疗法是我国传统中医药疗法中的特色疗法，是在中医“冬病夏治、夏病冬防”“子午流注，适时开穴”理论指导下的一种独特的外治疗法。“冬病”是指某些好发于冬季，或在冬季加重的疾病，如支气管哮喘、支气管炎、反复呼吸道感染等，冬季日照时间逐渐变短，天气逐渐变冷，阳气下降，人体内阳气亦随着外界气候的变化下降，平素阳气不足、体内潜伏有宿痰的病人，这时体内的阳气就更显不足，体内宿痰乘虚上犯于肺，阻塞呼吸道，引起咳嗽、喘咳、哮喘等肺系疾病，“夏治”指夏季这些病情有所缓解，趁其发作缓解季节，辨证施治，以预防冬季旧病复发或减轻其症状，在我国农历“夏至”“头伏”“中伏”“末伏”的时令，自然界中阳气最旺盛，人体汗孔开泄，血液循环加速，阳盛于外，为药物吸收、恢复人体阳气之最佳时机，这时如果顺时就势，摄取阳气，可以鼓舞人体阳气，疏通经络，调整脏腑，激发人体抗病能力，清除体内阴寒之气，从根本上调整人体阴阳，达到阴平阳秘，宿疾得以解除、康复。冬病夏治融合了中医学、时间医学、免疫医学等诸多学科的知识，也是祖国医学历来倡导的“因时治疗”的具体体现。

冬病夏治的方法很多，有中药汤剂、针刺法、艾灸法、拔火罐、推拿、穴位敷贴和穴位注射等，其中使用最多的是穴位贴敷法。冬病夏治穴位贴敷的外治疗法早在《黄帝内经》中就有记载：“桂心炙酒以熨寒痹，白酒和桂以涂风中血脉”，《本草纲目》记载了穴位贴敷可起到温阳行索的作用，到了清朝，名医张璐在《张氏医通》中全面论述了贴敷的适应证、药物组成、选穴、贴敷时间等，“冷哮炙肺俞、膏肓、天突，有应有不应，夏日三伏中用白芥子涂法，往往获效。方用白芥子净末一两，延胡一两，甘遂、细辛各半两，共为细末，入麝香半钱，姜汁调涂肺俞、膏肓、百劳等穴，侯三炷香，方可去之。”现代各家医院应用冬病夏治敷贴方法和药物，基本参照《张氏医通》的方法，贴治穴位，并制定了详细的应用细节和操作方法。每年的三伏季节，冬病夏治穴位贴敷疗法就成了中医院里最受追捧的疗法之一。

徐锡山教授对冬病夏治有独特见解。他认为夏天是驱寒的好时机。慈禧、光绪吃膏方，不是冬令进补的时候吃的，是一年四季都吃，尤其是冬病夏治的时候吃。夏天不仅仅是贴膏药还可以吃膏方，用膏方滋养五脏六腑的每一个细胞，这才是高效率的冬病夏治。要么不补，要么温补，要让身体热起来，是一个系统工程。以下是徐锡山教授的膏方经验。

（1）选甘温的补药。大辛大热的药吃了会上火，寒的药吃了会起反作用。甘温的药，好比温开水，熟地、山药、甘草、茯苓都是甘温的药，吃了养生，又没有副作用。

（2）补肾、补脾同时补。一个是肾，一个是脾，通过补肾、健脾，身体就会温暖起来。补肾有名的方子是六味地黄丸，健脾有名的方子是四君子汤、补中益气汤。所以补肾健脾，不是一味药解决得了的，需要很多药一起来解决问题。

（3）补气与补血一起补。单独补气，单独补血，效果都不好，补不进去，气血同时补，才能补进去。阿胶、熟地、当归是补血的，要配上人参、黄芪、川芎这些补气药，才有用的。

（4）要活血化瘀。人年纪一大，就会气虚，身体里面垃圾排不出，就出现瘀，这就要活血化瘀。活血化瘀名方是血府逐瘀汤。现在很多人单独吃三七，三七能够让血液的黏稠度下降，但无法让血液流得更快，所以就要加上补气的人参、茯苓、甘草、白术、黄芪、党参。

第四节　弃之谬误，硕果累累

中药学是中华民族的优秀文化遗产之一，几千年来，为中华民族的繁衍昌盛做出了巨大贡献。徐老认为作为炎黄子孙，有责任继承和发扬祖国的传统医药。而要发掘祖国医药遗产，促进中医药学术发展，首要任务是继承。但是，由于过去的医药水平受限于当时的生产力水平，一些经典著作的观点在后来被证实存在谬误，因此继承之后的第一要务就是弃之谬误，批判继承，同时加入当代中医药工作者的理解，丰富中医药的文献内容，为后世学习中医药添砖加瓦。

李时珍翻山越岭，走遍了大半个中国，访名医，尝药草，终于写成了巨著《本草纲目》，这是我国科技史上极其辉煌的成果。就是这样代代相传，使本草更趋完善。这些宝贵的经验和鉴别中药材的丰富史料，是祖国药学的财富，是后人必学之书，是学习中药的基础。徐老在几十年的工作中，孜孜不倦，认真学习，深刻领会，并做了大量的笔记，吸其精华，去其糟粕，为自己所用，为做好中药工作打下了坚实的基础。徐老还谆谆教诲学生们：“祖国医学是个宝库，要认真学习，发掘、整理并加以提高，为中药材的加工炮制科学化，药材鉴别的标准化、规范化做一点贡献。”

下面总结徐老的学术思想、治学态度和学术观点，以供参考。

（一）学习研究本草是中药工作的基础

对五味子的描述，苏颂在《图经本草》碣：“五味，皮肉甘，酸，核中辛，苦，都有咸味，此则五味俱也”。又谓：“春初生苗，引赤蔓于高木，其长六七尺。叶尖圆以杏叶，五四月开黄白花，类莲花状。七月成实，从生茎端如豌豆许大，生青熟红紫”。李时珍在《本草纲目》中谓：“五味今有南北之分，南产者色红，北产者色黑，如滋补药必用北产者乃良”。本草从五味子的五味，到其生长的形态、结果的时间，以及果实的大小、形状及产地、质量等都做出了详细的描述。

（二）多实践是中药直观鉴别的必由之路

徐老认为：学习经典的目的，就是要通过读书获得间接经验，再通过实践获得直接经验，直观鉴别的实践就是靠眼看、手摸、鼻闻、口尝、水试、火烧等方法来达到鉴别药材的目的。如木香、独活、当归，书上描述断面皆有一环状的形成环，有芳香的油点散在，香气浓郁，没有经过实践体验，是较难将它们区分开的。只有通过不断的实践，在实践中体验，在体验中得到它们的不同点。当归形成层环呈黄棕色，散在的油点呈棕色，有浓郁的清香气；独活形成层环呈灰褐色，散在油点呈淡棕色，有特异的浊香气；木香形成层环呈棕色，散在油点呈褐色，清香气较浓。又如玫瑰花与月季花，玫瑰花托半球形，5枚萼片都直伸，萼与花梗具腺毛，雌蕊就在托口分；月季花托呈卵形，5枚萼片反折，萼和花梗无腺毛，雌蕊花托口处伸。

徐老认为，未亲身体验、实践，试图想看看书就掌握中药材的直观鉴别和加工炮制是比较困难的。书籍似乎很容易看懂，当中的词汇看起来并不深奥，有的还很形象化，但其中术语的内涵和外延与日常人们体会的有很大的区别，如防风的“蚯蚓头，菊花心，凤眼圈”，这是对防风质量较好的一种描述，只有亲身去体会防风的蚯蚓头、菊花心、凤眼圈在实物上是怎样体现的，才能加深理解，增强记忆，区别真假好坏。尤其是一些混淆品，大多具有正品相似的特征，只是在形态、质地上存在一点点差别，更应通过实践，才能掌握要点。如栀子与水栀子，两种基本相似，但不能混用，水栀子个体较大，翅状纵棱较高，且多卷折，顶端宿萼较大，果皮较厚。因此，不断地实践，深刻地体会，才能掌握各药物的特征。徐老就是在近80年的工作中，边学习，边搜集名家经验，边实践，日积月累，把前人的经验转变为自己的本领。

（三）收集标本是中药直观鉴定的重要一环

徐老在工作中，自始至终抱着能者为师，学无止境的宗旨，广泛结交医药同行，了解信息，交流经验，收集标本。在近80载的中药工作中，收集了500余种标本，有常用的，有不常用的；有贵重的，有便宜的；有正品，也有劣品和伪品。其主要目的是便于比较，使一时难以下定论的，通过比较从而得出结论。有些药材由于种植、产地、采收季节、加工炮制等因素的影响，使原有的某些特性有所变异。如有一药材，初看是洋金花，又像闹羊花，一时难以确定，其主要特征是：花冠漏斗状，长6～7cm，上端5裂，下部联合成管状，棕黄色或黄棕色，花柱1枚，雄蕊4枚，呈2强型，气微香。与标本核对比较，不属于洋金花，也不符合闹羊花特征，最后得出其属于紫葳科植物凌霄花。又如石斛，品种较为复杂，难以区别，只有通过与标本比较，才能确定属于何种石斛，一般常用的有以下几种。

（1）鲜石斛：主要有两种类型，茎扁金钗型（金钗石斛），茎圆柱形黄草型（黄草石斛，马鞭石斛）。金钗石斛呈扁圆柱形，长约30cm，直径为0.4～1.2cm，表面黄绿色，光滑或有纵纹，节明显，色较深，节大有膜质叶鞘，肉质，多汁，易折断，气微，味微苦而回甜，嚼之有黏性。

（2）环草石斛：呈细长圆柱形，常弯曲或盘旋成团，长15～35cm，直径为0.1～0.3cm，节间长1～2cm，表面金黄色，有光泽，具有细纵皱纹，质柔韧而实，断面较平坦，无臭、味淡。

（3）黄草石斛：茎呈圆柱形，长30～80cm，直径为0.3～0.5cm，表面金黄色或淡黄褐色，具有纵沟，体轻、质实，易折断，断面略呈纤维性，嚼之有黏性。

（4）马鞭石斛：茎呈长圆柱形，长40～120cm，直径为0.5～0.8cm，节间长3～4.5cm，表面黄色呈暗黄色，有纵深槽，质疏松，断面呈纤维性，嚼之无黏性，味微苦。

（5）耳环石斛（枫斗）：根据颜色不同可分为铁皮石斛和铜皮石斛。用铁皮石斛加工而成，又分为：①西枫斗，即选茎长4～7cm而短根的石斛，经剪根去叶，微火烘热加工而成，形小，卷曲成螺旋状，以龙头凤尾者为佳；②圆枫斗，用微火烘干，同时使扭曲成圆形；③结子斛，系铁皮枫斗的茎节剪断，烘干时打成扭结状者。耳环石斛节不明显，质坚硬，易折断，断面平坦，嚼之有黏性，味淡。商品规格：①鲜石斛，以青绿色肥满多汁，嚼之发黏者为佳。②干石斛，以茎细，色金黄，有光泽，质柔韧者为佳。③耳环石斛（枫斗）以色黄绿，龙头凤尾，嚼之即碎，并发黏者为佳。

因此标本的收集、保留、核对比较在中药直观鉴别中是较重要的一环，是一门科学，它可以解决中药直观鉴别的一些疑难问题。徐老在这方面为我们做出了榜样，也要求我们这样做。

（四）勤奋总结是提高中药直观鉴定水平的有效手段

徐老平时碰到什么问题或有什么新发现，总是及时记录，而后查找资料，进行核实、论证、探讨，直至问题解决。滴水成河这个道理在徐老身上得到淋漓尽致的体现。如西洋参，主产于美国和加拿大，20世纪70年代在我国引种成功，称国产西洋参。一般栽培4～7年后采挖，除去芦、须，除净泥土，通风干燥。直接干燥的产品称为“原皮参”；干燥后撞去粗皮的为“粉光参”或“去皮参”。以前，野生者习称“野泡原皮参”，体松泡，表面灰褐色，有紧密横纹，断面有菊花纹，味浓质佳。修剪下来的细而长的野参芦称“线芦”，现在已少见。种植者称为“种原皮参”，体重结实，气味较淡。撞去粗皮呈粉白色，称“粉光”，分为10、15、20、30、40、50支6种规格（即500g有10支西洋参称10支）。小支者称“正面参”，分200、300、400、500、600支。根条称“白折尾”，最细者称“正顶光”。进口西洋参一般多为种参。

西洋参亦有“文形”“武形”之分，文形者即主根顺直，武形者主根似人字形，即今称为短枝种洋参。

如此多的规格、品种，不加以总结，得出各品种的主要特征，是难以区别西洋参的真假、优劣。

（1）进口西洋参：呈长圆锥形，纺锤形或圆柱形，主根中下部可见一至数条残断侧根痕，少数上部衩状分枝，芦头除去或残留，表面为淡黄褐色或黄白色，有细密线皱或稍瘦瘪，纵皱较深，可见横向环纹及线状栓化瘢痕。质坚，折断面较平坦，略成角质样，或有小裂隙，略显粉性，白色或浅黄棕色，形成层附近色泽较深，皮部可见暗黄褐色小斑点，气微而特异，味微苦而甘。嚼之口内生津液，口感清爽，味久留口中。粉光参表面为黄白色。

（2）国产西洋参：主根呈圆柱形，长圆锥形，牛尾形，疙瘩形，主根中下部可见一呈数条残断的侧根，较丰满，有的具细密的纵皱，可见横向环纹及断续浅状柱化瘢痕，有的较光滑，质较松，断面略显粉性，皮部暗黄褐色小斑点较少，微有清香，味较淡。粉光参表面黄褐色。

（3）生晒参充西洋参：呈圆柱形，纺锤形。芦头长或已除去，无支根和须根，表面黄白色，皮粗糙，纵皱纹粗而明显，有横长的皮孔样突起，质地较轻泡，折断面平坦，放射线纹理不明显，皮部或下部中多具有裂隙，味淡，后稍苦。

勤奋总结，将来自各方信息、资料、经验加以归纳、整理，才能提高区别药材、鉴别真假优劣的能力。

（五）依靠现代科学方法是发展中药学的唯一方法

徐老认为：中医药是中华民族传统文化的重要组成部分，也是几千年来我国人民在与疾病做斗争过程中形成和积累起来的宝贵财富。由于历史上种种因素的影响和束缚。中医药一直处于自成体系的相对封闭状态，严重阻碍了中医药的发展步伐。中医药不能老是“树皮草根一大包，量大味苦药难熬”的状况，应当依靠科学技术，积极支持剂型的改革。如单味中药饮片颗粒剂的应用，它是将传统中药饮片经科学提取，低温浓缩，瞬间干燥精制而成。颗粒剂既有汤剂的优点，又弥补了汤剂的不足，有制作工艺标准，有质量控制标准，服用携带又方便，改变了中草药落后的面貌，是中药汤剂的一大进步。最初一些人难以接受，争论的焦点在于分煎与合煎，其实我们的丸剂、散剂，不是直接打成粉做成的，是经过科学提取后加工而成，在治疗上能达到一定的疗效。据《健康报》报道：“目前正在立题研究，新型比传统型效果好和差的各占小部分，从立题的十多个方剂总体对比结果来看，新型与传统型汤剂的效果基本相当”。并被国家中医药管理局确定为国家级火炬项目和国家重点高新技术产业项目。在徐老的大力的支持下，单味中药饮片颗粒剂从无到有，从少量到大量。据使用者反映，其疗效与传统汤剂相似，价格虽高，但也能够承受。随着时代的发展，新型汤剂将会得到广泛承认和应用。

借助现代科学技术，来提高中药直观鉴定的正确率。例如，川朴断面在放大镜下可见多数发亮的小结晶（厚朴酚结晶），丹皮在放大镜下可见白色结晶（系针晶，片状结晶或柱状的牡丹酚结晶），大黄在紫外光灯下，呈棕红色荧光（蒽醌衍生物）。雅连与味连相似，髓部有多数石细胞群，云连的皮层，中柱鞘及髓部均无石细胞。延胡索切面或粉末置紫外光灯下观察，均有亮黄色荧光。葛根在显微镜下纤维素周围的薄壁细胞含草酸钙方晶（晶纤维）。桔梗含有菊糖，五加皮含有树脂道，羌活含有油室，蒲公英含有乳管，石菖蒲含有油细胞等。这些现代科学鉴定手段无疑能提高中药鉴定的正确率。

第六章

桃李天下

第一节　退居恬然，长生延年

在浙江省中医药行业里，徐锡山的名号可谓响亮，被称为“辨药奇人”，他也是浙江省唯一一位国家级中药师。自退休以来，徐老每天坚持养生保健，效果相当不错。90多岁的徐老一点也不显老，他夫人常说，人家都说他看上去只有六七十岁，身板笔直，透着一股精神气，非常健康，平时连感冒都不得，看书、看报不需要戴老花镜。

每次问到徐老养生诀窍，徐老乐呵呵地说：“其实也没啥窍门，还是那几句老话：好心情、常锻炼、饮食健康，适当保健。”

（一）肚量要大，肚量大才会有好心情

徐老的养生窍门就是心态要好，他每天都是笑眯眯的，养生先养心，养心先养肚量，心态好，自然长生延年。徐老还有一服养心汤，常用的药材有“一花四叶汤”，一花，即指身体健康长寿之花；四叶，即一为豁达，二为潇洒，三为宽容，四为厚道。徐老常说，“退”是人生道路上转乘站，很多时候，我们可以把“退”视为服务社会、服务他人的新起点；也可以换个姿态过人生，做一些自已感兴趣而原先无暇顾及的事，退休后可以看到别样的风景，可能没有高潮迭起，却会有微波荡漾；可能没有轰轰烈烈，却会有恬淡优雅；可能没有硕果累累，却会有心花朵朵。

“三寸真气丹田守，长生延年可修心。劝君莫动无名火，百忍成金为圣人。”怀有如此豁达心胸，方能“恬然无思，澹然无虑”。徐老常挂嘴边的就是“德”与“和”，“德”是中医药之魂的核心组成，是生生不息的不竭动力，是造福人类的财富之源，“根深才能叶茂，大医必有大德，成名医，

先修德。欲成大医者，必须先有大仁爱之心。只有德术并重，以德为先，才能成为患者信赖的大医。”而“和”是生命赖以形成、存在、运动的基础，是健康、快乐、智慧的最高境界。为医者不仅要在诊断治疗上整体审查、四诊合参、辨证求本、调中致和，还要在医患关系、同道关系上以和谐为目的，以诚信为原则，信和、谦和、温和是为医者的内在道德修养和外在行为规范，在工作中学会和患者交朋友，加强医患之间的沟通，取得患者的信任。

（二）多劳动，常锻炼，注意生活规律

徐老可谓退而不休，有空还常去医院中药房转转，或约上老伴到西湖边走走，做做扩胸运动，而徐老最让人佩服的还是90多岁高龄不管是多么热的夏天还是多么冷的冬天，只要医院有事找他，他立马自行车一骑，随叫随到，到了医院门口一转弯停下来，真有点电影里功夫大侠的风范。一有好天气，徐老还骑自行车游西湖，吴山、宝石山也常去。尽管每次女儿都担心地“教育”爸爸：“年纪噶大不要骑自行车了”，他当面笑眯眯地答应，第二天又照样偷偷骑车出门，他总说：“我身体好着呢，没事！”

徐老说一个人生活有规律是最重要的，他常说人体内血液的流动就像潮水的涨落一样，是有变化规律的：中午的时候，血液到达指尖，这个时候指尖会特别怕疼，如果刺破的话，血就会流得特别多；晚上的时候如果手指刺破，血流的就不会像中午的时候那么多，也不会那么痛；到了晚上10点以后，血液就流到肝里面去了。肝是藏血的器官，劳累了一天的血，该“回家”休息了，这个时候，人就应该跟着血的节奏，上床休息。再怎么有事，晚上10点之后，一定要上床休息，一定不要拖过12点。但是很多人做不到，深夜12点有的人还在看书，甚至有的人还在酒吧里没有回家！如果你做不到生活规律正常，那就要开始进补了。进补，分食补和药补。

（三）药补不如食补，注重饮食健康

徐老常说：“药补不如食补”，在饮食习惯上，徐老也有自己的看法，他说自己身边长寿的人没有一个是不吃肉的，所以自己对肉皮、蹄髈、鸡爪来者不拒，他说他现在还比较喜欢吃肥肉，坚持每天吃2～3块肉，而且肉一定要烧得烂，他才不相信“吃脂肪长脂肪”的说法，只要适合自己身体的食物就是好食物。此外，鸡蛋、油墩儿、菜心、马铃薯、藕这些食物在饭桌上也不可少。还有一点，就是适当饮点小酒，很开胃，又很惬意，徐老喜欢喝点高度数的白酒，一般常喝的是一种50° 左右的高粱烧，要不就是买点糟烧，浸枸杞子、生晒参等，每天一小盅，也就30毫升左右，少量饮酒能活血通脉，但从不贪杯，如有应酬，喝得多了点，第二天就不喝了。

很多人喜欢吃野菜，徐老也一样，每年到了春暖花开，野菜的生长时候，医院很多同事就会请徐老带队到野外采野菜和认一认药用植物，一方面可以增加这方面的知识，另一方面可以接近大自然，多活动活动，呼吸呼吸新鲜空气，同时还可以采采野菜。其实，野菜的药用价值很大，徐老还介绍说："很多野菜也具有药用价值，如头痛、胸闷或有心血管毛病的人，可用胡葱根煎汤喝；用马兰头的根煎汤，可治咽喉肿痛；荠菜清热利湿、止血止痢，对治乳糜尿有帮助，还有降血压的作用。"

（四）养生保健之品不在于贵，而在于是否适合自己

盈缩之期，不但在天；养怡之福，可得永年。名气这么大的老药师，身体健朗是不是也有自己的药补秘诀呢？对于保健药材，徐老很有心得，他常说："我是十分注重养生保健的，你看我90多岁了，腰不弯，眼不花"，他又指指自己的牙齿，说："我出生在诸暨农村，到了十七八岁才开始刷牙，牙齿还是很好的，只拔了一颗，有时还可以吃吃山核桃。"

对于如何选择进补药材，徐老常说："关键看价格和疗效，养生保健得选价格平易、效果长的进补药材。"徐老认为进补之药不宜太贵，一来太贵，经济负担重，心态就会差，二来效果太重，日日吃容易过头，反倒危害身体。例如，天天吃冬虫夏草，太昂贵，普通老百姓负担太重，吃起来心里不舒服，那不管是什么仙丹，都是没用的，应该选择价格平易、效果长的进补药材。

徐老自用多年的保健方子有很多，他最常用的还是将西洋参、铁皮石斛、三七一起磨成细粉，每天2次，每次2勺，已经连续服用了十多年，具有利肝胆、活血脉的功效。徐老分析三味药的药效，西洋参性凉，味甘、微苦，可补气养阴、清热生津，用于气虚阴亏、内热、咳喘痰血、虚热烦倦、消渴、口燥喉干；铁皮石斛味甘，性微寒，有滋养阴液、补益脾胃、护肝利胆、强筋壮骨的功效；三七味甘、微苦，性温，具有散瘀止血、消肿定痛的功效，用于咯血、吐血、衄血、便血、崩漏、外伤出血、胸腹刺痛、跌仆肿痛。不过，此方为徐老自用多年的方子，大家如果要用，最好先咨询医生。

徐老还爱吃零食保健，其中一种便是银杏果。银杏果也称白果，性平，

味甘，略苦涩，有毒，具有敛肺定喘、保护心脏的作用。在每年银杏果上市的时候（每年10月），徐老都会购买20余斤，将其用清水浸泡一段时间后储存起来。然后，他每天会取出十多颗银杏果，将其放在微波炉中加热1分钟，然后当成零食吃。需要提醒的是，目前医药界认为，儿童生吃7～15颗银杏果，即可中毒，但炒熟后毒性降低，所以银杏果不能生吃，一定要炒熟后吃，而且每次食入量也不能过多，还有的人会对银杏果过敏，要留意。

徐老还喜欢的一种零食就是枸杞子，徐老常说："枸杞子是老百姓的虫草"。他还说："药苦，味道又不好，主要还是用它来治病而不是养生。反正我自己是不吃的，医院里以前也没有花草茶，中药主要是治病的，我建议食补不要吃中药。不过我平时喝牛奶喜欢加些枸杞、核桃、黑枣在里面，可以补补气血，我坚持了几十年了。"枸杞子被称为"不老果"，可滋肾、润肺、补肝、明目，治肝肾阴亏、腰膝酸软、头晕、目眩、目昏多泪、虚劳咳嗽、消渴、遗精。徐老坚持每晚嚼一小把（20克左右）枸杞子。有时，也会将适量的枸杞子放在牛奶中，用微波炉加热一下服用。10多年枸杞子吃下来，枸杞子正宗不正宗，徐老一吃就知道。徐老说，买枸杞子不仅要正宗，而且颗粒要大，要饱满，外表没有褐色斑点，色泽绛红，这样的枸杞子才是一流的，吃下去才会有效果。不要买那种用硫黄熏过、颜色鲜红的枸杞子。南方产的枸杞子粒小、核大、味苦，不能干嚼。

徐老吃枸杞子的方法是干嚼，干嚼枸杞子的养生方并不是徐老首创的，也是很多名中医的养生经，自古有之，只是一般人很少知道罢了。干嚼枸杞子最早记载在《外科全书》中，据书中记载：有人在睡前干嚼枸杞子30克，针对夜间口渴症；有人用枸杞子嚼服，每次15克，针对精子异常；还有人把枸杞子烘干研成粉末，针对萎缩性胃炎，均有良好效果。像我国近现代中医学界的医学泰斗张锡纯，50岁时开始坚持每晚睡前嚼服枸杞子约30克，用来治疗心中烦热、常想喝水等症状。晚年时，他极力倡导用干嚼枸杞子的方法来祛病延年。但是，干嚼枸杞子不能像泡茶、煲粥那样一抓一大把，要控制量，每次10多颗（20克左右）就够了，否则容易滋补过度。建议经常使用电脑的人每天干嚼10多颗枸杞子以养眼。另外，枸杞温热身体效果较强，所以感冒发热、拉肚子、有炎症的情况下，尽量不要吃。枸杞味甘，每100克含糖19.3克，糖尿病患者也要慎用，不宜过量。

徐老常说："人年轻的时候要多锻炼，年纪大了要常用脑，这样才会更长寿。"《美国医学协会杂志》刊登了一项新研究，发现长寿老人大脑皮质层厚度是普通老人的两倍；皮质层越厚，大脑衰老速度越慢。所以说，大脑是人体的指挥官，保持大脑年轻与活跃，身体自然也会年轻有活力，充实忙碌是最大的年轻秘诀。生老病死，是每个人都要经历的过程，岁月在你脸上留下苍老的痕迹，却抹杀不了你的热情，时光也无法在你心灵上刻上烙印。人老心不老，才有放弃舒适享受去开创生活的勇气，才有超越胆怯和懦弱的胆识。只有缺少乐观心态和雄伟志向的人，才会服老，才会放弃自己的理想，消极地面对世事，从而变成真正衰老的老年人。

第二节　老骥伏枥，传承国粹

老骥伏枥，志在千里；烈士暮年，壮心不已。

夕阳余晖，灿烂夺目；晚秋时节，果实芬芳。徐老从事中医药事业70余载，几十年栉风沐雨，春华秋实，几十年耕耘不辍，薪火相传。在颐养天年的年纪，徐老作为浙江省中医院中药房的药材质量顾问，还是坚持每周2次去医院看看，把好所进药材的质量关。

在徐老与中药结缘的生涯中，他认为只有做到“一、二、三”，才是合格的中医药人。一是“信”，信为首要，中医中药应用至今，疗效肯定无疑，相信才能潜心学习。二是“学”，应学古通今，中医中药学历史悠久，经验丰富，百家争鸣，只有广泛研读中医中药古籍，有深厚的理论基础才能更好地临床实践。三是“研”，要想更好地发展中医中药，造福社会，就必须对中医中药进行深入的研究，才能更好地继承与发展。“一、二、三”贯穿了他的工作、学习、生活。在工作、学习、生活中，徐老严格要求自己，药品质量把关严谨为首要，“医不严遗害病家而轻生命，师不严误人子弟而难解惑”。他还倡导“学贵有恒，精益求精，患者至上，学无止境”的良好学风，并以身作则，潜移默化地影响着身边的中医药人。

一方面，徐老出手帮助徒弟们辨识药材，经常有药师捧着药材跑过来，请教徐老其是真是假，是好是差，徐老总是很乐意帮忙并且传授鉴别知识。在他的工作生涯中，手里摸过的，眼里看过的中药材数不胜数，他对2000多种中药材的出处、加工炮制、贮藏保管、功能主治、配伍禁忌等烂熟于胸，每个药的药性在他的脑子里那是滚瓜烂熟，手抓药的分量准得很。徐老最擅长中药材和贵重药品的鉴别，不管是野山参还是冬虫夏草，是真是假都逃不过他的火眼金睛。中药传统经验鉴别是中药行业长期实践总结出来的，主要通过“眼看、手摸、鼻闻、口尝、水试、火试”等方法来鉴别药材的外观性状，以区分药材的真、伪、优、劣，在医疗机构中药饮片调剂工作中掌握中药传统鉴别经验，既具有简单、易行、迅速、准确的特点，又不需要特殊的仪器设备，是每一位中药工作者最应具备的基本功。

另一方面，徐老90多岁高龄还依旧坚持在一线指导浙江省中医院中药房的药师们进行膏、丹、丸、散的制作。浙江省中医院制作的中医特色传统膏药在省内应用非常广泛，传统膏药的制作是个很烦琐过程，费时、费力、费工、耗神，比如“过八关”是膏方制作流程必须要遵守的规矩。

一为审方验药关，也就是“撕方子”和“见方子”。

二为漂洗关，先把药用清水漂洗去灰尘杂物，看似简单的漂洗，也要精心。

三为浸泡关，先将配齐的药料中胶类药拣出另放，然后把药放入洁净的紫铜锅内，加适量的水浸润药料，令其充分吸收膨胀，稍后再加水以高出药面10厘米左右为宜，浸泡24小时。

四为煎煮关，把浸泡后的药料上火煎煮。先用大火煮沸，再用小火煮1小时左右，此时药汁渐浓，过滤后，再加清水浸润原来的药渣后上火煎煮，煎法同前，此为二煎，此时气味已淡薄，滤净药汁后即将药渣倒弃（如药汁尚浓时，还可再煎1次）。将前两煎所得药汁混合一处，静置后再沉淀过滤，药渣越少越佳。另外，如果方中有像胡桃肉、桂圆肉、大枣肉类的材料，有的膏方要另行煎煮取汁，等到收膏时一起放入，更能充分发挥其作用。

五为浓缩关，药汁倒入锅中，进行浓缩，可以先用大火煎熬，加速水分蒸发，并随时撇去浮沫，让药汁慢慢变成稠厚，再改用小火进一步浓缩，此时应不断搅拌，因为药汁转稠厚时极易黏底烧焦，通过独特的判断方法确定达到标准了，再搅拌到药汁滴在纸上不散开来为度，此时方可暂停煎熬，这就是经过浓缩而成的清膏。

六为炼蜜关，蜂蜜有调味、滋润和补益的功效，另外还具有一定的缓和、防腐作用。炼蜜的功用，在于既能驱除药性的偏激使之中和，又能除去蜂蜜中的水分及杂质，使药物品质上乘，有质有量且保存持久，这一关也包括其他胶质的烊化。

七为收膏关，把蒸烊化开的胶类药与糖（以冰糖和蜂蜜为佳），倒入清膏中，放在小火上慢慢熬炼，不断用铲搅拌，直至成膏。这一关是最要求技术的，老药工讲，编筐编篓全在收口，熬膏子也是如此，最后能不能成膏，膏子的质量、成色、卖相好不好，全在收膏这一关。如果说前面的流程主要靠的是良心，收膏则是最能看出技术水平的一个环节。

八为存放关，待收好的膏冷却后，装入清洁干净的瓷质容器内，先不加盖，用干净纱布将容器口遮盖上，放置一夜，待完全冷却后，再加盖，放入阴凉处。有的配方中要放入如鹿茸粉、人参粉、珍珠粉、琥珀粉、胎盘粉等，这就要求药末极细，注意在收膏的同时，放入准备好的药末，在膏中充分搅匀。

“求木之长者，必固其根本；欲流之远者，必浚其源泉，谋事之成者，必强本厚基”。中医药经典著作是经过数千年临床实践检验的经验结晶，历代名医大家成才的经验中，最主要的一条是刻苦钻研中医经典和各家学说。从而全面掌握中医基本理论，深刻领会其科学内涵，学习才能由表及里、由此及彼。学习经典是使我们在中医思维层次上与名老中医“并轨”，为其学术思想的传承开辟坦途的重要途径。徐老平日里闲暇的时候最喜欢的还是博览中医药古籍经典，他常说学习中医药经典是每一位中医药工作者的必修课，更是名中医工作室成员的首要任务。

徐老还有一件最想完成的事情，就是把自己对药材辨识管理经验的手抄本整理成册。众所周知，我国的国粹——中医、中药以往是世代沿袭，以师带徒的传授方式或亲身摸索而得，传播面非常小，一般都是世代单传、家传、师授。因此把自己的毕生所学流传下去，是徐老心中的执念。徐老每天坚持手抄中药类文章，在工作室成员整理徐老手稿等资料的时候，徐老的手抄本一叠又一叠，徐老说：“我想把我知道的都留给你们”，工作室的成员们无不被他的精神所打动。这些资料留给后人的将是一笔巨大的财富，如何继承和发扬名老中药师这份宝贵财富是我们这一代中药人要考虑的问题。

希冀后辈中医学子继承、发展我们的优秀传统文化，尤其是中医药文化。“修合无人见，存心有天知”，道尽了中医药人守业的根本，也让新一代年轻的中药人更清楚自己肩头的责任。

第三节　授业解惑，桃李芬芳

国家级名老中药师徐锡山老先生作为一名中医药人，其成长成才之路为新一代中医药人树立了旗帜。在浙江省卫生和计划生育委员会的大力支持下，浙江省中医药管理局项目——“徐锡山名老中医传承工作室”于2012年9月在浙江省中医院开始筹建。工作室除国家级老中药师专家徐锡山外，由工作室负责人郑敏霞及15名年轻的业务骨干组成，建立了一支老、中、青各年龄段相结合的优秀人才队伍，其中有1名正高级，8名副高级，7名中级，35岁以下的成员有2名博士，3名硕士，团队稳定，学术梯队结构合理，专业配置包括中药学、药物分析学、生药学，与名老中医药专家专业相同的人数占80%，有科学、合理的传承模式。

中医药事业的发展需要薪火传承，为贯彻落实国家关于做好老中医药专家学术经验继承工作的指示精神，认真做好中医药专家学术经验的继承与创新工作，发扬中医特色，促进中医人才与学科建设的不断发展壮大，徐锡山名老中医传承工作室每月围绕徐老学术经验开展学术交流等相关人才培养活动2次，其活动主题特色鲜明，工作室成员都有详细的学习记录，通过徐老口述，整理名老中药师的经验，领悟其精髓及临床运用体会，并结合循证医学进一步整理、挖掘、升华，是传承的重要方法。

此外，结合中药学专业特色，工作室还开展野外实践活动，曾赴安吉天荒坪镇开展为期2天的野外采药实践活动，进一步了解中草药在野外的生长环境、性状，以拓展视野，增长见识，增强中草药的鉴别能力；在西湖湖畔开展野外学习讨论活动，徐老因地制宜，带领工作室成员在西湖边讲解玉兰花、麦冬等常见药材的鉴别要点，工作室成员都觉得受益匪浅；2016年初赴龙井地区认药、采药，龙井地区植被丰富，拥有大量的药用植物资源，适合工作室成员对药用植物的学习与鉴别，加强了工作室成员对中药原植物的认识和辨识；2016年3月初赴浙江中医药大学中药饮片厂参观铁皮石斛和三叶青的种植基地，参加中药饮片真伪鉴别的讲座，进一步提升了中药辨识的业务能力。

工作室成员收集、整理徐锡山名老中医药专家具有较高学术价值的中药品质鉴定经验、中药炮制经验、贵重中药鉴别经验等内容。每月跟随徐锡山名老中医药专家学习及进行学术经验交流研讨会，跟随徐锡山主任中药师系统地学习《神农本草经》《本草纲目》《雷公炮炙论》《炮炙大法》及《中药大辞典》等中医药经典。工作室成员牢牢把握“继承发展指导老师学术思想、注重培养实践能力”这一主线，系统学习中医药经典，中医药理论功底更加扎实，中国传统文化知识进一步加强，领悟古籍精华，达到明方向、晓大理、得大巧，古为今用的目的，并撰写跟师笔记、跟师医案和读书临证心得，收集和整理原始资料数量超过100份、收集的原始材料珍贵程度高，具有较高的实用性。

在工作室建设期内系统总结了名老中药专家的学术经验，出版了徐锡山名老中医药专家学术经验著作《中药饮片传统鉴别经验》1部，其学术水平较高，学术影响力较大，共收录259种常用中药材（不含附列药材），选录名单参考《中国药典》（2010年版），并结合中药材市场现状调查后确定。每种中药材收载的主要内容有药材名称、来源、历史、产地、性状鉴别、性味与归经、功能与主治、伪品。本书着重于中药材的传统经验鉴别，系统总结了徐锡山先生数十年来亲身调查与实践所积累的中药材传统鉴别经验，采用文字描述与图片相结合的形式，力求科学、直观地再现中药材和中药饮片传统的鉴别要点，图文并茂，深入浅出，以期达到易学、易记、易推广的目的，适合广大中医药专业人员和中医药爱好者阅读。

徐老工作70余年，指导了无数学生，他经常说的是："学生们要'学我、像我、超我'。'学我'，即学习中药材鉴定方法，不断总结，汲取经验；'像我'，即像我一样，思路正确，辨证合理，用药得当，方法严谨；'超我'，即学习的同时不能墨守成规，止步不前，要敢于创新，敢于实践。"新一代年轻人能承担起中药传承创新的重任，有责任也有义务传承好、发展好中医药文化事业，感悟优秀传统文化的魅力。

一、承典砺新，追踪索源

郑敏霞，女，1963年生人，浙江杭州人，浙江省中医院中药房主任，主任中药师。2011年被确认为学术经验继承人，拜国家级名老中医药师徐锡山先生为师，是徐锡山名老中医药专家传承工作室负责人。主要研究方向为中药鉴定与药事管理。

郑敏霞具有较深的学术造诣和清晰的学科发展思路，特别是在中药真伪鉴别、中药炮制与质量控制等方面均具有较高的专业能力，在中药药事管理方面有着多年的工作经验，富于创新精神，善于团结人，具备较强的组织协调能力，取得了瞩目的成绩，在中药学领域具有较高的知名度和影响力。

（1）任浙江省中医药中药房主任，确保临床用药安全有效。

郑敏霞全面负责中药房的工作，认真贯彻医院各项医疗规章制度，并落到实处，为医院取得良好的社会效益和经济效益；积极推进制度化、科学化、规范化管理，完善岗位责任制、药品采购制度、药品管理制度、在职教育培训制度等各项规章制度，执行中医药行业标准规范，如国家制定或认可的中药技术操作规程和管理规范，各项规章制度基本落实到位，规范管理，职责明确、责任到人，整个科室在良好的平台和制度框架下工作；更新制定采购验收制度，在采购验收过程中严把药品质量关；开展中药质量控制监管工作，不定时抽查配方质量，努力保障临床用药安全；通过言传身带，着力培养业务骨干，优化技术梯队，多次组织开展科内学术经验专题讲座，相互交流经验与知识，及时了解新理论、新知识；鉴于中药学的特殊性，积极开展野外中草药鉴别实践活动，提高全科人员业务能力及专业技能；通过不懈努力，浙江省中医院中药房的学术能力迅速提升，学科整体水平居全省前列，尤其是在浙江省省内医院中药学、中药质量控制的学科水平全省领先。

（2）任“徐锡山名老中医药专家传承工作室”负责人，开展徐老学术思想和专业技能的传承与创新。

郑敏霞任徐锡山名老中医工作室负责人，全面负责工作室的建设工作，开展国家级中药师徐锡山学术经验整理研究，建立名中药师学术经验信息平台；开展冬病夏治穴位贴敷、冬令滋补膏、散瘀膏、清凉膏等特色膏药的制备服务，制作的中医特色的传统膏药在省内应用非常广泛，得到业界认可；在中药真伪鉴别、中药炮制与质量控制等方面均具有较高的造诣，能全面准确把握工作室建设要求和发展方向，充分发挥指导作用。

期间装修了专家示教室，收藏了大量手稿及图书文献资料；建立了中药饮片伪品陈列室（资料室）；培养了副高职称人员8名；出版了《中药饮片传统鉴别经验》，编写浙江省中医住院医师规范化培训《中药应知应会手册》；建立名中药师学术经验信息平台；接收多名进修人员。

（3）任浙江省中药质量控制中心常务副主任，推动全省中药质量提升。

2015年9月16日，浙江省中医药管理局发文成立“浙江省中药质量控制中心”，挂靠浙江省中医院，承担全省医疗机构中药质量控制和管理工作，由郑敏霞任浙江省中药质量控制中心常务副主任，浙江省中医院中药房负责浙江省中药质量控制中心的日常工作，承担的任务主要有制订和完善医疗机构中药质量监控体系和持续改进方案并组织实施；拟订全省中药饮片采购、验收、保管、调剂、临方炮制、煎煮等相关规范与评价标准；组织开展医疗机构中药管理质控检查、业务指导和技术推广，提出整改及持续质量改进措施；开展中药专业技术人员培训，多次组织中药代煎人员和配方颗粒调剂人员岗位资质培训，组织讨论中药配方颗粒临床应用质量控制关键技术研究，促进中药学科、专科的发展。

2016年，起草颁布《浙江省中药饮片代煎服务工作质量管理规范（试行）》并落实实施，起草《浙江省医疗机构中药饮片管理专项检查评估细则》，多次开展飞行检查，及时与厂家沟通中药煎药质量问题，提供飞行检查报告，要求企业持续改进，并做出整改反馈，并积极推进监控视频的安装工作。

2018年8月浙江省卫生健康委员会、人力资源和社会保障厅、中医药管理局印发了《浙江省医疗机构中药饮片管理专项检查方案》的通知，浙江省中医院作为浙江省中药质量控制中心挂靠单位牵头了此项工作，本次专项检查包括全省11个地级市提供中药饮片服务的各级各类医疗机构169家，包括中医医院、中西医结合医院、民族医院、综合医院、专科医院、乡镇卫生院（社区卫生服务中心）、村卫生室（社区卫生服务站）、中医类门诊部和诊所等。对检查中发现的问题提出了整改要求，以进一步加强医疗机构中药饮片管理工作的规范化、制度化，不断提高中药饮片服务水平，提升中医医疗质量，提高全省临床使用中药饮片的安全性、有效性和合理性。

（4）承担国家中医药管理局及省中医药管理局等政府部门的指令性工作，并为相关政策措施和管理制度的制定提供参考。

参与国家中医药管理局标准化项目——“中药饮片处方应付技术规范化研究”课题，规范中药饮片名称、规范处方书写、规范基原炮制、规范操作技能、规范系统集成、规范药学服务等，提高中药临床服务水平；参加中华中医药学会医院分会学术交流，对新形势下医院药学发展、互联网+在中药煎药管理与质量控制的应用与实践等进行座谈交流；参加国家中医药管理局开展的省级中药质控中心建设及“十三五”药学重点专科建设专家讨论，以提高中药质量服务水平，推动中医药发展。参编全国中医住院医师规范化培训“十三五”规划教材《临床常用方剂与中成药》；全国中医药行业高等教育“十三五”创新教材《中医药学概论》。

牵头开展浙江省卫生健康委员会、人力资源和社会保障厅、中医药管理局组织的全省医疗机构中药饮片管理专项检查工作，合计检查了160余家医疗机构，反馈检查情况，并对检查中遇到的问题提出整改建议。承担了浙江省中医药学会委托的浙江省中药饮片（配方颗粒）使用现状分析及对策研究

［浙江省中医药重大研究项目（2018ZA080）］，调研了近5年浙江省中药配方颗粒的发展情况及面临问题，涉及全省11个地级市185家医疗机构和5家中药配方颗粒生产企业，以及患者975名、医务人员648名，撰写并发表调研论文3篇，并为政府制定相关政策措施和管理制度提供参考。完成2015年、2017年、2018年浙江省中医住院医师规范化培训结业考核“中药辨识”的命题及全省中医住院医师规范化培训结业考核中药的配送任务。完成2018年浙江省确有专长人员考试的中药辨识考试的出卷及中药的配送任务。

（5）开展公益惠民活动、联合媒体进行中药知识科普活动，弘扬中医文化，提高中医药服务可及性。

为贯彻国务院《中医药发展战略规划纲要（2016—2030年）》和教育部《完善中华优秀传统文化教育指导纲要》，在2017年我省发布全国首套小学中医药教材《中医药与健康》之际，致力开展青少年中医药知识启蒙教育，联手杭州市多所小学举行了中医药与健康进校园活动及开展国内外学生来院体验中医药健康文化活动。中医药文化进教材、进校园、进课堂活动，宣传中医和中药的历史和价值，阐释传统中医文化的传承发展路径，增进中小学生对中华优秀传统文化的认知，继承和发扬传统中医药文化，助力健康中国的建设，提升健康水平和素养。

建立“浙江省中医院中药房”微信公众号，提供专业的线上与线下药学延伸服务，让群众感受到身边的专业药学服务，将安全用药知识带给千家万户，提高中医药服务可及性，提高医院声誉。联合浙江影视315大型公益惠民活动，开展浙江教育科技频道“养生大国医”如“如何挑选野生参，这5个部位可认准了”等媒体中药知识科普活动，提高社会认可度。

（6）钻研古籍，坚持有扬弃的继承、有鉴别的对待。

加强中医古籍、传统知识和诊疗技术的保护、抢救、整理，坚持有扬弃的继承、有鉴别的对待，推进中医药现代化，推进中医药科技创新。既要把老祖宗留下的宝贵财富“用起来”，也要让原创的科技资源“活起来”。传承好中医药，要求我们深入发掘中医药宝库中的精华，使记载在古籍、融入在生活、使用在临床的中医药理念、方法生动起来，彰显时代价值，释放文化魅力，服务大众健康。例如，附子始载于《神农本草经》，列为下品。陶弘景谓：“乌头与附子同根，附子八月采，乌头四月采，春时茎初生有脑头，如乌鸟之头，故谓之乌头。”韩保升谓：“正者为乌头，两歧者为乌喙，细长三、四寸者为天雄，根旁如芋散生者为附子，旁连生者为侧子，五物同出而异名，苗高二尺许，叶似石龙芮及艾。”苏颂谓：“五者今并出蜀土，都是一种所产……其亩高三、四尺，茎作四棱，叶如艾，其花紫碧色作穗，其实细小如桑椹状……本只种附子一物，至成熟后乃有四物。”《本草纲目》载：“乌头有两种，出彰明者即附子之母，今人谓之川乌头是也，产江左山南等处者，乃本经所列乌头，今人谓之草乌头是也。”

黄芪始载于《神农本草经》列为上品。《名医别录》云：“生蜀郡、山谷、白水、汉中。二月、十月采，阴干。”《本草经集注》云：“第一出陇西，色黄白甜美，今亦难得。”《本草图经》云：“今河东、陕西州郡多有之。根长二三尺已来，独茎，或作丛生，枝干去地二三寸，其叶疏作羊齿状，又如蒺藜苗。七月中开黄紫花，其实作荚子，长寸许。八月中采根用。”宋代《本草别说》云：“黄耆本出绵上者为良，故名绵黄耆。”《药物出产辨》云：“正芪产区分三处，一关东，二宁古塔，三卜奎。”当今黄芪药材以主产于山西、内蒙古及东北地区者为优。从中可见黄芪道地药材唐以前是甘肃汉中一带，宋代及以后为山西黄芪，清代为山西加上内蒙古，现今内蒙古较为闻名，山西产地已由绵上改成浑源。甘肃产之黄芪在市场最为多见，其产量最大，而质量不敢苟同。论人工种植，山西最佳，称为山西绵芪（绵芪今有两种解释，一是折之如绵，即纤维多者良，二是产绵上者良，即所谓绵芪）。论天然野生，内蒙古最好，如关芪中的卜奎芪、宁古塔芪。

二、融会新知，辨别真伪

丰素娟，女，1948年生人，浙江金华人，原浙江省中医院中药房主任，主任中药师。主要研究方向为中药鉴定与规格等级划分。

丰素娟出生在一个医药世家，外祖父在中华人民共和国成立前就在当地经营药材铺，是位有名的“坐堂先生”。她常常回忆起外祖父的院子里种满了各种中药材，如红花、菊花、女贞子、麦冬；烘、炮、炒、洗、泡、漂、蒸、煮，自种的药材，自家炮制；柜台的内侧靠墙摆放着一排排盛放中药饮片的药柜，又称“百眼柜”，那一个个小抽斗里，存放着数百种药材，每个抽斗都写了其中存放药材的名称，每一味中药闻起来、尝起来都有着固有的“气”与“味”；外祖父在药材铺内应诊，切脉开方，患者络绎不绝。受到家庭传承的影响，耳濡目染，丰素娟自小就熟悉各种本草，也自然而然地学习起中医中药，特别是对道地药材的生长环境、植物栽培、鉴定炮制、功效主治、等级规格的划分积累了丰富的经验。1967年她顺利毕业于杭州卫生学校的中药学专业，毕业后一直在浙江省中医院中药房工作，每天与中药打交道，一做就是45年，栉风沐雨砥砺行，春华秋实满庭芳，勤奋耕耘，迎来硕果满园的金秋。

丰素娟主任中药师擅长对中草药的形态鉴别、传统中药饮片的炮制与传统膏丹丸散的制作，对“地道药材”的性状特征有其独到的鉴别技能，尤其是对中药材的商品规格等级有着系统的研究。

丰素娟主任在工作中十分强调中药的质量，在浙江省最大的三甲中医院中药房工作的这45年里，她严格把控药品质量，避免假药、劣药进入医疗机构，确保人民群众用药安全有效。中药的质量是指中药材自身的品质状况，中药材的外观性状，如形状大小、色泽、质地、气味等及有效成分、药理作用与效果等，都可以反映质量的优劣。作为一名中药师，在给中药材与中药饮片的质量把关过程中不仅要强调“真”“伪”，更应该突出“优”“劣”，这就涉及中药材的规格等级，中药材的规格等级是其品质的外观标志，是衡量中药材商品质量好坏的标准。品质是对中药材品种与质量的基本要求，规格是划分中药材商品质量、分等分级的具体标准。

丰素娟主任常说，中药材既有药用性，又有商品性，中药材是防病、治病的特殊物品，质量必须优良，才能确保用药安全有效，同时中药材又是一种商品，必须符合商品按质论价的要求。为适应商品性的需要，必须按质量优劣划分规格与等级，以便在市场进行商品交流。中药材商品质量优劣的客观标准，应是有效成分含量的多少和疗效的好坏。中药材商品规格与等级的不同之处在于人为改变原生药形态的则为规格；区分大小、好次的则为等级，等级标准较规格标准更加具体。例如，中药材的规格通常有按加工净度和方法划分，如山药带有表皮者称“毛山药”，除去表皮并搓圆加工成商品的称“光山药”，毛香附与光香附，个茯苓与茯苓块，生晒参与红参，毛壳麝香与麝香仁等；按采收时间划分，如三七因采收季节不同常分为“春七”和“冬七”两种规格，前者选生三年以下，在开花前打挖，质地饱满，品质优，后者为秋冬季结籽后采收，体大质松，品质次；按生长期划分，如连翘根据采摘早、晚不同时间的果实，将色黄老者称“老翘”，色青嫩者称“青翘”；按产地划分，如白芍分为“杭白芍”“亳白芍”和“川白芍”三种规格，厚朴分“川朴”和“温朴”两种规格，以示主产地分别为四川和浙江温州；按药用部位形态划分，如当归根据其根的不同部位常分为“归头”“归身”“归尾”和“全当归”四种规格。中药材的等级，指同种规格或同一品名的药材按加工部位、形态、色泽、大小等性质要求，制定出若干标准。每一标准即为一个等级。通常以品质最优者为一等品；较佳者为二等品，然后依次为三等、四等等，最次者为末等。中药材的等级标准较规格标准更为具体。如一等白芷，规定每公斤36支以内，二等每公斤60支以内，三等每公斤60支以外。再如三七，一等每500克20头以内，二等每500克30头以内。

绝大多数中药材商品所含有效成分及微量元素不是很清楚或缺乏定量检测方法，对中药材与中药饮片的商品规格等级划分需要在日常工作中不断地积累经验，中药材商品规格、等级标准，目前仍以外观质量及性状特征为主，只能依据三级中药材标准来划分中药材的商品规格和等级，而且中药材商品规格与等级，不是每种中药材可以划分的。中药材的规格、等级是传统习惯和现代标准分别制定的品质外观标志。有的中药材既有规格又有等级；有的没有规格只有等级；有的既无规格也无等级，则笼统地列为“统货”，如有些全草、果实和种实类中药材，品质基本一致，或好、次差异不大，常不划分规格等级，如木瓜、益母草、枇杷叶、柏子仁、补骨脂等均为统货。

中药材规格与等级的划分：一般规格是按洁净度、采收时间，以及生长期，即老嫩程度、产地及药用部位形态不同来划分；而等级则指同一规格或同一品名的药材，按干鲜、加工部位、皮色、形态、断面色泽、气味、大小、轻重、货身长短等性质要求规定若干标准，每一个标准即为一个等级。等级名称以最佳者为一等，最次者为末等（符合药用的）。

丰素娟主任常说：“我们吃中药这口饭的，吃的就是良心饭，如三七，大小不同，价钱相差悬殊，一斤有几头，就是三七的等级，而我们在判断等级的时候，大多数是不借助工具的，经验丰富的中药师用眼看、手掂等方法就能判断中药材的规格和等级，这就需要积累丰富的实践经验，而大多数的中药都是有规格等级的，这就要求我们中药师必须在工作中加以区分，优质才能优价，不能让老百姓花冤枉钱。”

三、传承国粹，创新发展

钱松祥，男，1957年生人，浙江绍兴人，原浙江省中医院中药房主任，中共党员，副主任中药师，全国第二批名老中医药专家徐锡山主任中药师的学术经验继承人。主要研究方向为中药鉴定与中药制剂。

钱松祥毕业于浙江金华卫生学校中药学专业，毕业后一直在浙江省中医院工作，1992年任浙江省中医院中药房副主任，2004年任中药房主任。

根据两部一局有关继承文件规定，由人事部、卫生部和国家中医药管理局联合对地方遴选、报送的第二批继承工作的部分老中医药专家及继承人资格进行审定，1997年1月，经国家中医药管理局批准，钱松祥成为全国第二批名老中医药专家徐锡山主任中药师的学术经验继承人。自从1997年4月1日开始统一带教继承上岗，通过讲课，自学，跟师操作，独立体验，细心揣摩，实践验证，熟悉并基本掌握了徐锡山主任中药师的学术经验和技术专长。“真传一句话，假传万卷书”，经过3年艰辛学习、实践，收获颇丰！通过老师言传身教，讲课，自学，跟师操作，融会新知，细心揣摩，实践验证，熟悉并基本掌握了徐锡山主任中药师的学术经验和技术专长及中医药的精髓，并通过省中医药管理局组织的专家论文答辩和考核，获得人事部、卫生部和国家中医药管理局颁发的全国老中医药专家学术经验继承人出师证书。

从事中药专业工作中药鉴定、中药炮制、中药制剂、中药调配、中药库管理、中药房管理等相关工作40余年，从浸、泡、洗、润、切，到炒、炙、煅、蒸、煮；从传统制剂丸、丹、膏、散，到现代制剂颗粒剂、片剂、针剂等；从中药调配、中药库管理，到中药饮片鉴别等都得心应手，有扎实的基本功；对药材来源、历史考证、药物组成、配伍意义及功效特点等有着丰富的实践经验；对贵重药品的鉴别有着较深造诣，擅长贵重药材的传统经验鉴别，积累了一套娴熟的鉴别真、伪、优、劣的本领，继承老师的一技之长，发掘和整理老师的经验，严把药品质量关。

中草药辨认，不是简单的一摸一看一闻一尝就可取代的“高级技术”，必须把过去几十年的经验积累与老师的学术特长和现代知识相结合，融会新知，才能获得精准辨析。老师的学术精髓，得到继承、发扬、提高；发表老师在辨别真假中药经验方面的文章5篇，分别为《中药学专家徐锡山主任中药师治学经验》《徐锡山主任中药师的中药直观鉴别经验》《徐锡山主任中药师鉴别白术的经验》《徐锡山主任中药师对麦冬栽培及辨别的经验》《中药炮制“小灶”操作方法》。老师亲授的中药加工炮制、中药饮片验收等特长得到继承并发扬光大，深受医生和患者的欢迎；总结、发掘、整理老师的经验，把它继承下来，不让它失传，并制成多媒体，如“人参的来源、分类、鉴别、功能、药理、适应人群、注意事项”“犀角来源、鉴别、功效”“走近‘三七’”“冬虫夏草来源生长环境、鉴别、品质、有效成分、功效适应群及注意注项”“浅析‘灵芝’”“琥珀（蜜蜡）的来源、形成、产地、分类、成分、功效、鉴别”“细说‘沉香’”“白桦菌（桦褐孔菌）”“2011年不合格中药饮片”“中药饮片验收要点”“中药香袋（囊）简析”“浅析（铁皮石斛）”等。

1997年把握中药饮片发展形势的特点和不足，为满足各层次患者的需求，积极引进中药饮片精制颗粒，为全省首例，创造了良好的社会效益和经济效益。钱松祥本人支持的“中药饮片定量小包装三项创新技术”项目和“50g、25g型膏滋药、块嚼服型膏滋药工艺创新”项目被评为浙江省中医院2007年度新技术、新项目三等奖。

钱松祥擅长中药调剂、中药加工炮制、中药制剂、中药饮片和对参茸的鉴别。特别是对人参之类的贵重药品，曾亲赴人参产地长白山地区考察，向参农了解和学习山参的生长环境、栽培技术，亲临其境，挖掘山参，鉴别山参的真伪，判断参龄的长短及山参的类别、品位等。对鉴别山参有独到的见解，目前用“五形具备”（芦、体、皮、纹、须）来判断野山参是不够全面的，外观性状的描述也不够周密，使鉴别技术出现了多处疏漏。应用“八形具备”（芦、艼、体、纹、腿、皮、须、点）来判断野山参，全面掌握野山参的特征，才能真正辨别真伪。辨别野山参是一门系统工程，它涉及药用植物学、植物地理学、植物生态学、生物学、人参栽培学等学科，深入了解野山参的众多特性、性状，掌握各环境、地理、土壤对人参生长的长势、方向、形态等的影响，综合各特点，才能知其然进而知其所以然。

探究琥珀（蜜蜡）的形成可以简单分成3个部分：树脂、柯巴脂、琥珀。很多松针类和落叶类植物都能分泌树脂，有的是本能的，有的是为了防护有害昆虫或是其他伤害；在空气中，因为所含有的挥发性物质不断挥发，树脂很快变硬，随着碳链的形成聚合，在数千万年的悠悠岁月中树脂继续变形、硬化，树脂块里的单分子不断聚合，挥发性和溶解性的成分逐渐消失。这种聚合体逐渐硬化，形成了柯巴脂；当树木枯死，柯巴脂埋入泥土，沉积物失去挥发性，经过1000万～4500万年漫长岁月，被河流冲刷、搬运，再和泥土等沉积物一起埋入地下深处，历经沧海桑田，树木变成了煤，树脂变成了琥珀（蜜蜡）。按科学描述，琥珀是距今4500万～6500万年前的松柏科植物的树脂滴落开始，默默经历数万年时光，承受无数地质运动，任河流冲刷、火山爆发，任掩埋、挤压，最终浴火重生，带着远古的信息，掩埋在地下千万年，在压力和热力的作用下石化形成的，故又称为“树脂化石”或

“松脂化石”，其形状多种多样，表面常保留着当初树脂流动时产生的纹路，内部经常可见气泡及古老昆虫或植物碎屑，有的还带有香味。琥珀可分三类：透明的为琥珀，不透明的为蜜蜡，透明与不透明混杂的为金绞蜜。琥珀的主要成分琥珀酸是影响琥珀透明度的主要因素，琥珀酸含量越高，其质地越不透明，琥珀酸含量为3%～4%时琥珀是透明的；超过4%琥珀会呈现云雾样的半透明状态；接近8%时，琥珀开始不透明，形成的就是蜜蜡；当琥珀酸超过8%时，琥珀酸呈细小气泡样的泡沫状，蜜蜡在形成的过程中里面包含了很多肉眼不可见的极微小的气泡（其中一部分是由琥珀酸形成的），光线每通过一个气泡，就经历一次折射，也就经历一次衰减，不断的衰减也是导致蜜蜡不透明的重要原因。所以前人说的“千年琥珀，万年蜜蜡”应该不是很确切。

受徐老的影响，钱松祥刻苦钻研历代本草，办公桌旁一柜子厚厚的中医典籍见证着学习的历程。历代本草，是我国劳动人民在同疾病做斗争的过程中，通过不断尝试，逐渐积累的宝贵经验和丰富史料。这些医药实践知识开始只能师承口授，后来有了文字，便逐渐被记录下来，这就是本草的萌芽。后经不断地积累、发展，编写出本草著作，最早的《神农本草经》就是在此基础上编写而成的，并在序录中记载：“有毒无毒，阴干暴干，采造时月，生，熟，土、地所出，真伪陈新，并各有法。”这对药物的产地、采集时间、方法，以及辨别药物形态、真伪的重要性有一些原则性的概括。例如，苍术，按六书本义，术字篆文像其根干枝叶之形，根呈老姜状，皮为苍色故名。苍术始载于《神农本草经》，但《神农本草经》只言“术”，而无苍、白之分，至陶弘景《本草经集注》则有赤术、白术之分。据其“赤术叶细无桠，根小苦而多膏”的记载，陶氏所述之赤术即苍术。随后《证类本草》始用“苍术”这一药名。其别名有“赤术”（《本草经集注》）、“马蓟”（《说文系传》）、“青术”（《水南翰记》）、“仙术”（《本草纲目》）。这对苍术的分类描述形象易懂。

老师能成为中药界一代宗师，其成功之路，启发尤深，像一座明亮的灯塔，照耀着我们不断前进的道路。师道大矣哉，入门授业投一技所能，乃立志为民服务之策，故此历代相传，礼节隆重。岐黄之子，悬壶济世，更负医治苍生之重责。及农皇肇起，轩岐缝作，薪火相传，术业攻转，道有其真，学以不伪。令群贤毕集于庄严之堂，众志同宣乎铿锵之声，斯诚吾医之幸事也。不忘初心，牢记使命，与时俱进，精益求精，支持公道，为民解难之！

四、坚守传统，创新发展

孙彩华，男，1974年生人，江苏张家港人。1997年6月毕业于广州中医药大学中药学专业，获大学本科学历、理学学士学位。同年8月进入浙江省中医院中药房工作。现为浙江省中医院中药房副主任，医技一支部书记，副主任中药师，中共党员。2011年被确认为学术经验继承人，拜国家级名老中医药师徐锡山先生为师。主要研究方向为药物鉴定与临床药学。

中医药的理论体系发展至今，大多是在前人总结的经验基础之上。而如今在学习中最缺乏的就是临床经验，以及老一辈对我们在学习中的指导和答疑。

在多年的跟师过程中，孙彩华得到了徐锡山老师在学习中药方面的谆谆教导。我现在还清晰地记得，在跟师的第一天，徐老师很和蔼地问我在学习中遇到过什么困难，以及想要更多地了解哪些方面的知识。由于徐老师也是学徒出身，因此教导我们要多看鉴定方面的书籍，要理解书中所讲内容的精髓，这样才能在工作中体会到书中的旨意。徐老师家中就有很多书籍，像一个小型图书馆一样。在制定学习计划后，徐老师又耐心地给我们讲述了关于中药房发展的一些事迹。

在跟师过程中，我学到了很多在课堂上学不到的知识。在跟师学习的过程中，能了解到更深层的东西，也能纠正自己在理解方面的偏差。学习任何一门学科，最宝贵的就是能得到前人的指导和教诲，在坚定自己学习目标的同时，也能加深自己的理解层面，扩展自己的知识领域。有了前人的经验，才能让我们少走弯路，才能让我们有信心坚定自己的目标。

在我的人生轨迹中，跟师是一项重大的收获，让我对中药学习有了更深的了解，也让我明白了理论与实践的距离，以及理论与实际相结合的重要性。在学习中药的过程中，往往能感受到理论知识的抽象性，让我们无法真正地理解其含义。

通过一段时间的学习和了解，我对中医药养生有了实质性的认识。“养生”就是保养生命之意，我们养生，也要顺应自然界春、夏、秋、冬的变化，通过不同的调养护理方法，达到健康长寿的目的。俗话说，求医不如求己，我们可以通过对中医药养生学习，并在生活上努力实行，以达到养生的目的。

中医药四季养生，就是在中医理论指导下，根据“天人合一”的理念，说明一年四季的气候变化规律，以及人的一些生理、病理现象，并揭示出人类应当如何在阴阳不停变换的四季中，恰当地调养自己身体的阴阳，以顺应四季变化，达到阴阳平衡、气血畅通、健康长寿的目的。例如，我们冬季可以用一些温热的食物或药物来补养脾肾的阳气，如红参、别直参；秋季气候干燥，则要多吃一些滋阴清热的食物以补充身体的津液，如川贝、玉竹、百合；春夏季节又有不同，应吃一些西洋参等；这就是四季养生的大意，也是做好四季养生所必备的中医养生知识。

中医药养生是一个大学问，并且通过最近对中医药养生的学习，我也总结了不少自己体会到的中医养生之道，得出了一些养生的方法。首先，养生的最高境界是养心，也就是养精神、调情志，故就养生而言，“下士养身，中士养气，上士养心”，人的情志及精神活动需要脏腑之气的支持才能完成，所以反过来说，调养精神，调节情志，也可养护脏腑之气，所以保持健康的情志是养生防病的重要保障。其次，常言道：“民以食为天”。吃是人的本能，谁还不会吃呢？但实际上，大多数人真的没有学会科学地吃，所以才会吃出那么多的疾病。现代营养学提出要保持健康就需饮食多样、营养平衡。最后，大自然是人类的守护者，是人类生存的根本，所以养生就必须顺应自然。如果不顺从这种规律，大自然和人就都会遭受灾害；顺从它，自然就和谐，人就不会生病，这样做的话，就是得到了“道”，即养生的本质。

同时，“人的睡眠实际就是一种归根，一种复命，即恢复生命的活力，是人体阳气得到收藏，得以蓄养的过程，没有复命，生命就难以延续。”所以，保证充足的睡眠，尤其是在炎热的夏季调整好睡眠，是保持健康、延缓衰老的重要保证。

此外，中医药养生提倡多锻炼，多做户外运动，多与人交往，多想积极开朗的事，这样心情才能畅达；而“养静”就是要心情平静，不急不躁，通过自我调理或户外运动等方式把心中的抑郁燥热散发出来，正所谓心静自然凉，心宁而神安，从而达到养生的最终目的。

中医药养生是一个漫长的过程，此期间需要我们的努力与坚持，并且在生活、处事、心态等方面时时保持好的习惯。例如，在膳食营养方面，我们不应该盲目崇洋媚外，太过沉溺于一些垃圾食品，应该多食一些我们先人总结出来的有利于我们养生的绿色食品，这对我们进行中医药养生起到一定的食疗作用，有利于我们的身体护理和保健，进而对健康长寿也起到很大的促进作用。

总而言之，通过学习中医药养生，我发觉自己有许多不好的生活习惯，但在今后的生活中，我学以致用，运用自己所学的中医药养生知识，监督自己改正，从而达到中医药养生的目的，提高自己的身体素质，使自己更健康长寿。

古诗云："一日为师，终身为父。"在学习的过程中要用心体验，用心和老师相处，相互尊重，老师也一定会将学问倾囊相授。

本人以邓小平理论、"三个代表"重要思想、科学发展观和习近平新时代中国特色社会主义思想为指导，认真学习贯彻习近平新时代中国特色社会主义思想和党的十九大精神，带头增强"四个意识"，坚定维护以习近平同志为核心的党中央权威和集中统一领导，积极参加各项活动。严格遵守医院的各项规章制度，以"三严三实"的要求做好各项工作，积极投身于"两学一做"的活动中，坚决执行医疗行业"九不准"。

以诚待人、正直大度是我的为人态度。作为管理者，既要坚持原则，又要团结广大职工，齐心协力，在平凡的岗位上任劳任怨，以奉献之心做好各项工作。廉洁清正，脚踏实地，正确对待名和利、得与失，始终保持一颗平常心。努力做到不为名所累、不为利所缚、不为欲所惑。扎扎实实做事、堂堂正正做人。

工作上虽然取得了一些成绩，但距领导和党的要求还相差很远，在今后的工作中，还要继续努力，扬长补短，让自己的工作做得更出色。我们党员一定要像石榴籽那样紧紧地抱在一起，为建成富强、民主、文明、和谐、美丽的社会主义现代化强国，实现中华民族伟大复兴的中国梦、省中梦团结奋进。

五、薪火相传，学无止境

寿迪文，男，1977年生人，浙江诸暨人。1999年毕业于浙江中医学院中药系，1999年8月参加工作，2004年获得浙江大学药学院药学本科学历，中国共产党党员，现任浙江省中医院中药房副主任中药师。2011年被确立为学术经验继承人，拜国家级名中药师徐锡山先生为师。

自大学毕业以来，我就一直在浙江省中医院工作。省中医院中药房是浙江省中药界的龙头，平时的工作非常繁忙，处方的数量相当的大，有时每人一天要完成六七十张中药处方的配方任务，我本着一颗为每个病人负责的态度，认真努力。多年来，基本没有出过差错，得到了同事的一致认可，多次提名科室的优秀员工，多次获得科室的优秀员工，更于2014年获得了浙江省中医院第二届十佳优秀员工。2011年，国家发布了《医药卫生中长期人才发展规划》，探索建立中医药学术传承和推广应用的有效方法和创新模式。为了贯彻落实这个规划，我们在2012年成立了浙江省名老中医传承工作室——徐锡山工作室，2013年工作室被国家中医药管理局确定为国家级名老中医工作室。我获得了千载难逢的机会，有幸成为徐老的学术经验继承人。老师对我耳提面命，谆谆教诲，使我受益良多。

徐老是浙江省唯一的一位国家级名中药师，他从事中药工作70余载，具有丰富的实践经验。他熟悉各种中药材的产地、加工炮制、储存保管、功能主治、毒副作用、配伍禁忌等。对各种贵重药材有独到的鉴别经验，被誉为“火眼金睛”“辨药奇人”，在全省乃至全国中医药界都有很大的影响。我跟着徐老去野外认识草药，去市场辨析药材，分析各种药材的优劣，使我对药材的认识有了更直观、更清楚的了解。徐老要求我们阅读本草经典，徐老认为，后世的理论和实践，都是在前人的基础上得到发展和创新的。本草经典就是我们的理论基础，我们应该熟读牢记，继承发展。徐老给我们分析各种经典名方的用药方案，使我对如何更好地学习中药有了更进一步的理解。徐老90余岁了，还每天学习中药知识，他常告诫我们：中药是个大宝库，学到老也学不完。要经常去学习，经常去探索。这样才能跟得上时代的进步。徐老真正做到了“做到老，学到老”。徐老的学习精神时刻鞭策着我，我不光要向徐老学习专业知识，更要向徐老学习这种不断学习，不断完善自我的精神。只有在努力学习中，我才能不断进步，才能更好地为病人服务。

深入的师承学习，有了明师的引导，直接获得了经验的指点。口耳相授，言传身教，这是在学校里学不到的。这极大丰富了我的临床思维和临床技能。徐老时常教导我，中医中药是密不可分的。如果中医是一把枪，那么中药就是子弹。再好的枪，如果子弹有问题了，那也是没有作用的。我们中药就是要为临床服务，因此我们无论什么时候都不能忘记临床，要清楚临床需要什么，我们才能有针对性地去了解，去研究。

中药炮制是中国一门独特的学科，中药经过炮制后，其应用范围更大，功用更广泛，毒副作用更小，运用更安全。中药炮制是几千年来与疾病斗争所积累的经验，是前人留给我们的宝贝。自古就有“用药之妙，贵乎炮制”，说明了炮制对中药的重要性，也说明了临床中医师对中药炮制的看重。在跟师的过程中，徐老对炮制也非常注重，他常常对炮制方法提出自己的意见。对某些药物，他亲自动手炮制，经常可以使药物的疗效非常显著。这让我对炮制有了进一步了解的冲动。我参加了国家中医药管理局组织的第一期全国中医师中药炮制理论和技术培训班。在培训期间，聆听多位大师的精彩演讲，也听到了来自全国各地的中医师对中药炮制的不同解读，以及他们对中药问题的一些困惑，还有他们对中药的一些要求和期待。这些，都让我受益匪浅，让我听到了临床医生的呼声，也让我看到了我们中药研究发展的一个方向。

中药鉴定是一门实践性非常强的学科。徐老认为学习书本的知识固然重要，但切身的实践体会更加重要。徐老通过各种渠道收集药材标本，一有机会就给我介绍他的鉴别经验，常常寥寥数语，就使我清楚地了解了某些药物的特征，极大地提高了我的经验鉴别能力。现代中药检测技术飞速发展，人们越来越依赖现代技术，往往容易忽略中药的传统经验鉴别。但实际上，大多数中药师和中药工作者，出于条件的限制，只能对药材进行经验的鉴别，这是我们中药工作者一项非常重要的基本功。那么徐老丰富的实践经验就显得尤其重要。我们的继承就是一个不断学习、不断总结、不断提高的过程。在工作室的支持下，我们整理了徐老的学术经验，参阅了大量的文献和资料，在很好的继承徐老学术经验的前提下，加以发扬和创新。并于2016年出版了《中药饮片的传统鉴别经验》，我在其中担任副主编。徐老为这本书贡献了许多宝贵的资料，也耗费了许多心血。这本书是徐老学术经验的高度总结，它的出版得到了业内同行的一致认可，也为广大中医药专业人员和中医药爱好者提供了一个很好的工具。我在整理的过程中也得到了进一步的学习，使我的业务能力有了质的飞跃。

继承是为了更好的发展，我在努力继承徐老经验的同时，也不忘关注前沿科学。现代科学发展日新月异，当代的中药学需要继承，也需要发展，只有继承才能发展，只有发展才能提高。现在有许多随意诋毁中医中药的论点，这种说法是片面的，也是不符合自然科学发展规律的。我认为，我们要善于利用现代科技手段和科学成果来发展中医药学。要认真挖掘、探求中医药传统理论和实践经验，结合现代科学，发扬中医药优势，更好地为人类健康服务。我积极参加本专业的各项活动，加强中药学经典理论知识学习，不断充实和更新自己的知识，了解和掌握药学界的学术新动向，熟练掌握中药学基础理论、基本知识和基本操作技能，利用中药学专业知识指导临床合理用药。随着医药改革的不断深入及药学事业的迅速发展，药师职能开始转变，我们积极参加临床药物咨询和新制剂、新剂型的研究工作，不断吸收和应用国内新理论、新知识、新技术、新方法，了解和掌握药品的新动向，及时向临床提供有价值的药物信息资料，并与有关临床医护人员共同探讨最佳治疗方案，促进合理用药，同时开展新药咨询和药物监测工作，建立不良反应报告制度，使临床用药更科学、更合理，以适应病人对医疗更高要求的需要；在学术方面，我虚心向老同志请教，吸取他人之长，丰富个人知识，勤于思考，同时加强理论学习；及时了解和掌握药学新进展、新动向，积极探索新理论，研究新方法；努力钻研、刻苦学习，不断提高药物新知识水平，注意加强医药信息沟通。工作以来，先后有多篇论文在国内外各级杂志上发表。

继承和发展中医药事业，最终都是为了服务临床，是为了解决临床中的问题，是为了更好地为人类健康事业做贡献。因此，在工作中，我经常思考如何解决一些实际的问题。有一次，在检测柴胡时，南柴胡和北柴胡的性状差别出现了两种鉴定结果。过后，我细细思量，这还是一个经验鉴别的问题。于是，我对徐老的经验认真总结，提出了关于中药混淆品的鉴别经验总结。在工作室的支持下，我成功主持申报了浙江省中医药管理局的课题，并于2017年3月顺利结题。在我们的共同努力下，浙江省名老中医药专家传承工作室也于2017年顺利通过省中医药管理局的验收，国家级名老中医药专家传承工作室也在同年通过了国家中医药管理局的验收。我在准备通过验收的过程中，在专业知识上也有了很大的提高。

2017年，通过推荐，我加入了浙江省中药和天然药物专业委员会，并成为专业委员会的青年委员，这又为我提供了一个平台，我相信在这个平台上，我将有更大的提高。我平时也承担了带教的任务，为学生上课，带他们进行实践操作。我认真、悉心的教学，赢得了学生的好评。

“路漫漫其修远兮，吾将上下而求索。”在今后的工作中，我将刻苦学习，创新工作，力争更好、更快地提高自己的专业能力和科研能力，为祖国医药学的继承和发展尽自己的一份力。

第四节　希冀传承，勇于创新

坚守传统，是坚守历史长河中留下最真实的东西，是大浪淘沙后世人所见的稀世瑰宝，我们必须坚守。但是，坚守不是墨守成规，坚守更需要创新与改革，是对优良传统与精神品质的守望，是对今后发展的希冀。

传承是为了更好的坚守，传承坚守下来的宝贵经验与精神财富。传承不是简单的复制，是在深入认识、学习了解后的继承，也只有这样我们才能在传承中不断发展，不断壮大。

学习先贤不应墨守成规，否则势必为飞速发展的现代医学所淘汰，学了不用，用了不进，等于失职，既要把前人留下的宝贵财富“用起来”，也要让原创的科技资源“活起来”。习近平总书记指出中医药学凝聚着深邃的哲学智慧和中华民族几千年的健康养生理念及其实践经验，是中国古代科学的瑰宝，也是打开中华文明宝库的钥匙。深入研究和科学总结中医药学对丰富世界医学事业、推进生命科学研究具有积极意义。凝聚人心、聚集智慧、展示成就，以崭新的姿态，在建设高水平有特色的中医药大学新征程上阔步向前。我们不仅要做好日常工作，还要在此基础上加以提高，用现代的科技超越前辈。

徐锡山名老中医药专家传承工作室是传承徐老学术思想和临床经验、培养中药传承人才的重要载体，是建立中医药学术传承和推广应用的有效方法和创新模式。工作室负责人郑敏霞，为浙江省中医院中药房主任，在继承徐老学术思想和专业技能的继承上，带领工作室成员在新的领域不断突破、不断创新。

（1）2012年9月开始筹建“徐锡山名老中医药专家传承工作室”。

在浙江省卫生健康委员会的大力支持下，浙江省中医药管理局项目——“徐锡山名老中医药专家传承工作室”于2012年9月在浙江省中医院开始筹建，由浙江省中医院中药房主任郑敏霞任工作室负责人。徐锡山是浙江省唯一的国家级中药师，徐锡山名老中医药专家传承工作室是传承徐老学术思想、临床经验和培养中药传承人才的重要载体，是建立中医药学术传承和推广应用的有效方法和创新模式，浙江省中医院中药房负责建设和管理徐锡山名老中医药专家传承工作室。

重视传统制药、鉴定、炮制技术的继承，2017年完成了全省和全国徐锡山名老中医药专家传承工作室的验收工作。在工作室建设期内建设完成徐锡山名老中医药专家临床经验示教诊室，场所安排、环境布置、物品摆放、工作程序均富有中国传统文化特色，示教诊室藏有徐锡山亲笔撰写的中药鉴定、中药炮制经验手稿，以及与传承相关的中药学图书文献资料、参考书籍，如

《中国药典》《中药大辞典》《中药鉴别大全》《中国中药材真伪鉴别图典》《中药原色鉴别图谱》《中药材传统鉴别经验》《浙江植物志》等；建立了中药饮片伪品陈列室（资料室），藏有常用中药的伪品及劣品标本、贵重中药的伪品及劣品标本，不常见中药的真品标本、贵重中药的真品标本、常用中药原植物标本等，品种数量齐全，具有鲜明的中药特色；出版了《中药饮片传统鉴别经验》，编写了浙江省中医住院医师规范化培训《中药应知应会手册》；整理了方剂汇编《中医治疗妙方》，重点介绍了157种常见疾病的临床有效中医治疗妙方；开发了特效经验方3个，分别为冬病夏治贴膏、清凉膏及散瘀膏；开发了特效院内制剂——马钱子胶囊剂；建立了名中药师学术经验信息平台；接收多名进修人员。

（2）2015年9月浙江省中医院成为浙江省中药质量控制中心的挂靠单位。

浙江省中医院中药房的学科整体水平居全省前列，在中药质量监管、中药鉴定、中药传统膏药制备领域具有较高的影响力，拥有多名中药鉴定专家，尤其是医院中药学、中药质量控制的学科水平居全省领先水平，2015年9月16日，浙江省中医药管理局发文决定成立浙江省中药质量控制中心，挂靠浙江省中医院，承担全省医疗机构中药质量控制和管理工作。浙江省中药质量控制中心的工作任务主要有以下几方面。①拟定全省中药饮片采购、验收、保管、调剂、临方炮制、煎煮等相关规范与评价标准。②组织开展医疗机构中药管理质控检查、业务指导和技术推广，提出整改及持续质量改进措施。③开展中药专业技术人员培训，促进中药学科、专科发展。④宣传和普及中医药知识，提高中医药服务可及性。⑤承担省中医药管理局交办的其他任务。

（3）2018年成功申报了继承类的浙江省中医药（中西医结合）重点学科。

徐老对常用中药和贵重中药的品质鉴定技艺非凡，中药饮片炮制是我国人民在数千年医疗实践中通过不断总结、改进、发展而形成的一套传统制药技术，饮片入药，生熟异治是中医在用药方面的一个鲜明特色，围绕徐老中药学术经验的继承和研究，主要从传统鉴别和传统炮制的继承和推广展开，2018年浙江省中医院中药房成功申报了继承类的浙江省中医药（中西医结合）重点学科——中药鉴定炮制学。

通过重点学科建设，继承徐锡山名老中药师的学术思想，在全省乃至全国范围开展徐锡山鉴别与炮制的培训，扩大学术影响力；运用现代科技方法和技术验证传统经验鉴别的科学性，使传统经验鉴别得到现代科学技术的支撑；通过中药传统鉴别的技术研究，开展中药鉴定学与药用植物学相互融合的鉴别模式，提升学科发展水平；通过“中药炮制—化学成分变化—药效作用影响—炮制工艺优化—标准操作规程”的研究模式，建立中药饮片炮制标准操作规程；继承传统，开拓创新，使本学科在学术队伍、学术水平、科研能力及人才培养等方面达到省内领先水平，成为省内有特色、有影响力的学科。

通过探索中医药继承新方法、新机制与新制度，丰富发展中医药学术、理论与技术手段，促进继承研究成果服务应用与临床疗效提升，弘扬中华民族传统文化，推动中医药在继承中实现创造性转化和创新性发展，助力我省“十三五”期间中药现代化的快速发展。

（4）2018年组织申报浙江省中医药管理局“十三五”重点专科。

在继承徐老学术经验和专业技能的过程中，学科十分注重创新与发展，十分注重和临床相结合，2018年组织申报了浙江省中医药管理局“十三五”重点专科（中医专业临床药学），其中已取得的围绕本学科优势在中医药理论、技术及药物等方面的创新作为有：①创新性开展具有中医药特色的药学门诊。②创新性开展具有中医药特色的处方前置审核工作。③创新性开展具有中医药特色的临床药学服务模式改革。

（5）以提高中医药传承创新能力为目标，形成建设合力，提升建设成效。

中医药的继承、发展和创新工作是一项长期的系统工程，是中医药界当前的首要任务，名老中医药学术经验传承工作是推动中医药事业发展的重要举措，名老中医药学术经验传承工作是中医人才培养的重要途径。以建立名老中医药专家传承工作室为载体，通过德术并进、深研经典，提高悟性、临证思辨，申请科研课题，参加学术交流，撰写学术论文等途径，加强名老中医药学术思想的继承和宣传，促进人才及学科建设不断发展壮大。近5年，工作室成员承担科研项目14项，其中国家级2项，省部级2项，厅局级课题10项；核心期刊发表论文10余篇，其中SCI收录5篇。中医药特色鲜明，优势突出，重视传统经验鉴别和炮制技术的继承，并运用现代科学技术和方法验证传统鉴别方法的科学性，优化制作过程中的技术参数。

（6）传播中医药文化，建设发展平台。

1）网站建设，推广传播。已建立全省共享的名老中医药学术经验信息平台，定期将名老中医药专家典型技艺、影像资料和相关传承成果等经数字化后上传至省名中医研究院网站，实现资源共享，其内涵丰富，影响力大。按时上传信息资料类别包括临床医案、诊疗方案、影像资料、论文论著、进展动态等，已上传近百份，资料质量较高。

2）辐射带动，基层帮扶。工作室建设期间，辐射带动了许多地方中医药工作的开展，接收外单位进修学习人员，接收10多名来自浙江医院、嵊州市人民医院、丽水市中医院、遂昌县中医院等中药房人员的进修学习任务，培养中医药传承型人才流动站。下基层帮扶，每年下基层帮扶4次，通过综合辐射示范提升区域内基层单位临床服务水平，下基层帮扶指导，提高基层单位中药服务能力。

3）继续教育，提升影响。每年举办省级及以上中医药继续教育项目及岗位资质培训班，2014年6月成功举办了省级中医药继续教育培训班“冬病夏治贴膏研制与临床应用学习班”（全省各级医院的80余名医务人员参加了此次学术会议）；2015年举办“中药材真伪优劣鉴别与应用学习班”（全省各级医院的150余名医务人员参加了此次学术会议）；2016年举办“中药代煎人员和配方颗粒调剂人员岗位资质培训班”（全省260余名中药从业人员参加了此次学术会议）。充实的内容让每位学员感到获益颇丰，为今后的工作提供了很大的帮助，同时也为广大中医药工作者搭建了一个相互交流的平台，促使名老中医药专家学术经验在省内及国内推广，增强了省内外的学科影响力，对本学科的发展也起到了很好的促进作用。

4）加强宣传，提高服务。联合浙江影视315大型公益惠民活动，开展“火眼金睛辨真假”活动，为广大老百姓鉴定手里的贵重药材；开展浙江教育科技频道“养生大国医”媒体中药知识科普活动，如“养生大国医”的“血燕风波已过去，白燕血燕哪种好？”；开展中医药文化进校园活动，如“中医药与健康”进校园系列活动，如“香囊文化进天长”，“以‘荷’为媒共结情谊”，“中医中药走进新‘时代’”，“新‘浙八味’铁皮石斛文化进天长小学课堂”，“新‘浙八味’衢枳壳文化进大成小学课堂”等活动；开展国内外学生来院体验中医药健康文化活动，如浙江省中医院中药房主任为小记者们揭开“中药”的神秘面纱；建立科室“浙江省中医院中药房”微信公众号，以弘扬中医文化，提供中药知识，服务社会大众，保障用药安全；提供专业的线上线下的药学延伸服务，让群众感受到身边的专业药学服务，将安全用药知识带给千家万户，提高中医药服务可及性，弘扬医院声誉。

“推动中医药走向世界”，要求我们打造好中医药文化与健康两个“中国品牌”，并利用好这一民族品牌效应，服务于世界文明进步和人类健康福祉，贡献中国智慧。作为中华文化，中医药的传播将影响各国人民的健康观念；作为生命科学，中医药的推广将影响各国人民的健康方式。

附录一

大事概览

徐锡山，1928年8月17日生，浙江省诸暨人，中国共产党党员。

徐锡山工作经验丰富，辨药准确率高，被公认为“辨药奇才”。

徐锡山教授先后担任杭州市中心门诊部中药房负责人，浙江省中医院中药房副主任，浙江省中药学会常委，浙江省高级专业技术职务评审委员，浙江省中医药科技工作专家咨询委员会专家成员。参与《浙江省中药炮制规范》1977版、1985版、1994版、2005版的编写。

1945年7月于杭州泰来药栈拜名中药老师傅何寿长先生为师，3年后留任该店。

1954年7月聘调到杭州市中心门诊部中药房。

1955年加入中医门诊部，筹建中药房。

1956年8月加入浙江省中医院中药房。

1955～1956年两次被评为市级先进工作者。

1993年晋升为主任中药师。

1996年被浙江省卫生厅命名为浙江省名中药师。

1997年被批准成为第二批全国老中医药专家学术经验继承工作指导老师。

附录二

学术传承脉络

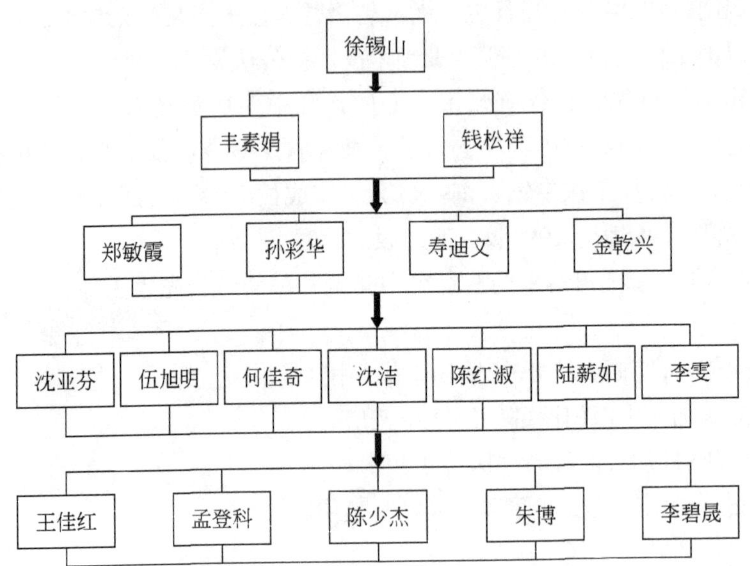
徐锡山
丰素娟
钱松祥
郑敏霞
孙彩华
寿迪文
金乾兴
沈亚芬
伍旭明
何佳奇
沈洁
陈红淑
陆薪如
李雯
王佳红
孟登科
陈少杰
朱博
李碧晟

后　　记

当前，中医药振兴发展迎来“天时、地利、人和”的大好时机，党的十八大以来，习近平总书记大力弘扬和传承中华优秀传统文化，赋予中华优秀传统文化时代内涵，运用中华优秀传统文化治国理政，阐发中华优秀传统文化应对国内外重大挑战，将中华优秀传统文化提升到崭新阶段。党的十九大明确了“坚持中西医并重，传承发展中医药事业”的重要任务，对中医药工作提出了深层次、全方位的要求，中医药发展已成为国家战略，进入全面发展的新时代。贯彻实施好《中华人民共和国中医药法》和《中医药发展战略规划纲要（2016—2030年）》，建立健全中医药法规，建立健全中医药发展的政策举措，建立健全中医药管理体系，以及适合中医药发展的评价体系、标准体系，发挥中医药在治未病中的主导作用、在重大疾病治疗中的协同作用及在疾病康复中的核心作用，不断满足人民群众日益增长的中医药健康需求。激发和释放中医药作为独特的卫生资源、潜力巨大的经济资源、具有原创优势的科技资源、优秀的文化资源和重要的生态资源的活力和潜力，推动中医药更均衡更充分地发展，全面融入“五位一体”总体布局，在建设健康中国、实现中国梦的伟大征程中谱写新的篇章。

中国传统文化博大深厚、历久弥新，华夏文明与时俱进、生生不息。习近平总书记指出，中医药学是“祖先留给我们的宝贵财富”，是“中华民族的瑰宝”，是“打开中华文明宝库的钥匙”“凝聚着深邃的哲学智慧和中华民族几千年的健康养生理念及其实践经验”，这些论述，突显了中医药在中华优秀传统文化中不可替代的重要地位。

谨向为中医药事业发展不懈奋斗的国家级名老中药师徐锡山老先生，向长期以来传承、发掘、整理徐锡山专家临床经验的各位中医药同仁，以及向社会各界中医药同仁，致以诚挚的问候和崇高的敬意！